Die „Machtergreifung" 1933
in Rhein-Main

Forschungen, Werkstattberichte und Impulse

herausgegeben von

Hessische Landeszentrale für politische Bildung,
KulturRegion FrankfurtRheinMain und
Stadt- und Stiftsarchiv Aschaffenburg

Mitteilungen
aus dem Stadt- und Stiftsarchiv
Aschaffenburg

Beiheft 12

herausgegeben von
Joachim Kemper

Redaktion:
Magdalena Zeller und Kay-Hermann Hörster (KulturRegion FrankfurtRheinMain),
Vaios Kalogrias (Stadt- und Stiftsarchiv Aschaffenburg)

Titelfoto: Großkundgebung auf dem Horst-Wessel-Platz (Freihofsplatz) 1934/35,
Stadt- und Stiftsarchiv Aschaffenburg, Fotosammlung/Hermann Eymann

Layout: Michael Heindel – VDS

ISBN: 978-3-922355-45-8

Gesamtherstellung:
VDS 🖶 Verlagsdruckerei Schmidt GmbH
91413 Neustadt an der Aisch

„ „... heute muss jeder wissen,
was Faschismus bedeutet.
Für alle künftigen Generationen
gibt es keine Entschuldigung
mehr, wenn sie den
Faschismus nicht verhindern."

Peter Gingold
(1916-2006)

INHALT

Oberbürgermeister Jürgen Herzing bei der Eröffnung
des Symposions im Aschaffenburger Schloss (Foto:
KulturRegion/Alexander Paul Englert).

GRUSSWORTE

Die sogenannte „Machtergreifung" war ein Ereignis, das schwerwiegende Folgen nicht nur für Deutschland, sondern auch für ganz Europa und die Welt hatte. Hitlers Ernennung zum Reichskanzler am 30. Januar 1933 war eine einschneidende Zäsur; sie signalisierte das Ende der Weimarer Republik und ebnete einer totalitären und menschenverachtenden Diktatur den Weg, der schließlich das Land in die Katastrophe, in einen Zivilisationsbruch unvorstellbaren Ausmaßes mit Millionen von Toten führte.

Heute können wir die damaligen Ereignisse gut einordnen. Zahlreiche Bücher, Filme und Ausstellungen informieren uns über wichtige Akteurinnen, Akteure und Vorgänge. Die allgemeinen Rahmenbedingungen, innerhalb derer sich die „Machtergreifung" vollzog, sind inzwischen bekannt und wissenschaftlich erforscht. Doch wie verhält es sich mit dem „Kosmos der Provinz" fernab der Hauptstadt und der Großstädte? Wie empfanden damals die Menschen in unserer Region die „Machtergreifung" der Nationalsozialisten? Wie reagierten Parteien, Institutionen, Vereine, Unternehmen, die Presse, die Kirchen, Familien und Einzelindividuen vor Ort auf die radikal veränderten Machtverhältnisse? Wie wurde der Beginn der systematischen Verfolgung und Ausgrenzung der jüdischen Mitbürgerinnen und Mitbürger wahrgenommen?

Die Stadt Aschaffenburg hat sich unter anderem im Rahmen eines Forschungsprojekts des Stadt- und Stiftsarchivs zur Stadtgeschichte im 19. und 20. Jahrhundert der Aufarbeitung der NS-Diktatur angenommen. Mit der KulturRegion FrankfurtRheinMain verbindet die Stadt Aschaffenburg eine langjährige Zusammenarbeit. Insbesondere mit dem Projekt „Geist der Freiheit" in der KulturRegion fanden spannende Kooperationen statt. Ich freue mich, dass wir diese gute Zusammenarbeit weiter fortsetzen und gemeinsam mit der Hessischen Landeszentrale für politische Bildung wichtige Impulse zur Aufarbeitung der NS-Geschichte auf kommunaler Ebene vermitteln.

Den Autorinnen und Autoren dieses Bandes danke ich herzlich. Unter anderem beleuchten sie die Haltung von Kommunen und Behörden sowie Möglichkeiten, Distanz zu wahren oder in Opposition zu gehen und Widerstand gegen die totalitäre NS-Diktatur zu leisten. Die Mahnung „Wehret den Anfängen" ist mehr denn je aktuell, angesichts jüngster Ereignisse und Entwicklungen.

JÜRGEN HERZING
Oberbürgermeister der Stadt Aschaffenburg

STADT ASCHAFFENBURG

Das Land Hessen setzt sich für eine pluralistische Demokratie und ein friedliches Zusammenleben ein, frei von Ausgrenzung und Abwertung. Die Hessische Landeszentrale für politische Bildung (HLZ) setzt Maßnahmen der politischen Bildung im öffentlichen Auftrag um. Historisch-politische Bildung ist seit 70 Jahren ein Schwerpunkt ihrer Arbeit. Deshalb war es für die HLZ eine Selbstverständlichkeit, im Jahr 2023 die Veranstaltung „90 Jahre ‚Machtergreifung' in der Rhein-Main-Region" gemeinsam mit den Kooperationspartnern umzusetzen. Sie fokussierte historische Zusammenhänge, auch um daraus aktuelle gesellschaftliche Entwicklungen abzuleiten.

Menschenfeindliches Verhalten, antisemitische und den Nationalsozialismus relativierende Hassrede, rassistische Anschläge und rechtsradikale Morde haben uns – auch und gerade in Hessen – tief erschüttert und Denkmuster offenbart, die Worte zu Taten werden lassen. Um diesen Entwicklungen im Kleinen entgegenzuwirken und unsere Demokratie resilienter und wehrhafter zu machen, braucht es den historischen Blick in die konkreten Strukturen vor Ort.

Der Förderung dieser vertieften, lokalen Perspektive in Forschung und Dialog wusste sich das Symposion in Aschaffenburg verpflichtet. Aus diesem ist erfreulicherweise das vorliegende Buch hervorgegangen, dem ich viele interessierte Leserinnen und Leser wünsche. Für dieses bemerkenswerte Projekt gebührt der KulturRegion FrankfurtRheinMain, dem Stadt- und Stiftsarchiv Aschaffenburg sowie allen Beteiligten und unterstützenden Institutionen unser herzlichster Dank.

Hessische Landeszentrale für politische Bildung

FELIX MÜNCH
Referatsleiter „NS-Gedenkstätten, Rechtsextremismus, Antisemitismus"
Hessische Landeszentrale für politische Bildung

Wie, auf welcher Grundlage und warum in Deutschland die Demokratie 1933 scheiterte, ist eine Frage von großer Relevanz. Sie stellt sich insbesondere angesichts akuter Gefährdungen, denen Demokratien in Europa und der Welt durch Angriffe auf Pressefreiheit und Gewaltenteilung ausgesetzt sind. Klar ist, dass wir es auch 1933 mit keiner historischen Zwangsläufigkeit zu tun hatten. Hitler wäre vermeidbar gewesen.

Was also können wir aus der regionalen Geschichte für den Zustand unserer Demokratie heute ableiten? Wie reagieren wir als Stadtgesellschaften auf demokratiefeindliche Tendenzen? Der interkommunale Ansatz des Symposions „90 Jahre ‚Machtergreifung' in der Rhein-Main-Region", dessen schriftliche Dokumentation nun vorliegt, eröffnet auf diese Fragen neue Perspektiven. Neben den politischen Entscheidungen von 1933 auf Reichsebene gilt es, die Prozesse, die vor Ort den Nationalsozialisten den Weg ebneten, diese an die Macht brachten oder die Machtübernahme nicht verhindern konnten, zu hinterfragen. Was fällt in kleineren Gemeinden, was in größeren Kommunen unserer Region auf? Wo finden sich Parallelen und Verknüpfungen? Welche unterschiedlichen lokalgeschichtlichen Zugänge zum Thema gibt es und wo stellen wir Desiderate, Forschungslücken fest?

Die KulturRegion FrankfurtRheinMain mit ihrem Projekt der historischen Bildung, „Geist der Freiheit", vernetzt Akteurinnen und Akteure, Inhalte sowie Orte in der Region. Um regionalgeschichtliche Aspekte und auch Fragen der Geschichtsvermittlung zu erörtern, bringt es nicht nur bundesländerübergreifend Kommunen und Kreise zusammen, sondern auch Beitragende aus unterschiedlichen Bereichen – aus Wissenschaft, Verwaltung, Politik, Bildung, Kultur und Ehrenamt. Allen Beteiligten und Partnerinstitutionen, die zum Gelingen des Symposions und dieser Publikation beigetragen haben, danken wir herzlich!

THOMAS WILL
Aufsichtsratsvorsitzender der KulturRegion FrankfurtRheinMain gGmbH
und Landrat des Kreises Groß-Gerau

DR. INA HARTWIG
Aufsichtsratsvorsitzende der KulturRegion FrankfurtRheinMain gGmbH
und Kultur- und Wissenschaftsdezernentin der Stadt Frankfurt am Main

KulturRegion
FrankfurtRheinMain

EINLEITUNG

Magdalena Zeller, Vaios Kalogrias

Die „Machtergreifung" 1933 in Rhein-Main

Der vorliegende Band wirft ein Schlaglicht auf eine der dunkelsten Stunden der deutschen Geschichte in der Rhein-Main-Region: die sogenannte „Machtergreifung" 1933. Nach wie vor ist die Frage, unter welchen Umständen sich die Umwandlung der parlamentarischen Demokratie hin zur Diktatur auf lokaler und regionaler Ebene vollzog, ein Desiderat der Geschichtsforschung. Wie agierten Verwaltungen, Presse, Lehranstalten und Schulen? Wer waren die zentralen Akteurinnen und Akteure? Welche Spielräume gab es für Widerstand?

Zu diesen Fragen veranstaltete das Projekt „Geist der Freiheit" der KulturRegion FrankfurtRheinMain in Kooperation mit dem Stadt- und Stiftsarchiv Aschaffenburg, der Hessischen Landeszentrale für politische Bildung, dem Studienkreis Deutscher Widerstand 1933–1945 und der Volkshochschule Aschaffenburg im Februar 2023 ein Symposion im Aschaffenburger Schloss. Die hier versammelten Beiträge des Symposions von haupt- und ehrenamtlich Engagierten in der regionalen Geschichtsforschung, der Erinnerungskultur und der Geschichtsvermittlung beleuchten unterschiedliche Aspekte der „Machtergreifung" im Rhein-Main-Gebiet – von den „Chaostagen" in Großostheim und den gewalttätigen Auseinandersetzungen im „roten Offenbach" bis zur „Gleichschaltung" an der Preußischen Lehranstalt für Wein-, Obst- und Gartenbau in Geisenheim.

Die Beiträge nehmen insbesondere die „Machtergreifung" im öffentlichen Raum in den Blick und analysieren NS-Aktivitäten zur Erlangung der lokalen Macht sowie Reaktionen darauf, die auch den Widerstand einschließen. Die Beiträge sollen als „Werkstattberichte" einen Einstieg in die Thematik ermöglichen sowie Anregungen zur Vertiefung und für die Geschichtsvermittlung bieten. Sie erweitern den regionalen Kontext, indem sie über politisch-administrative Grenzen hinweg „Region" als wirtschaftlichen oder kulturellen Raum deuten.

Abb. 1:
Symposion „90 Jahre
‚Machtergreifung' in Rhein-
Main" am 2. Februar 2023
im Schloss Johannisburg
Aschaffenburg
(Foto: KulturRegion/Alexander
Paul Englert).

Begriffsgeschichtliche Annäherung an die „Machtergreifung" 1933

Am 30. Januar 1933 wurde Adolf Hitler mit Hilfe nationalkonservativer Politiker, darunter Franz von Papen und Alfred Hugenberg, an die Spitze einer Koalitionsregierung zwischen NSDAP und DNVP berufen und vom Reichspräsidenten der Weimarer Republik Paul von Hindenburg zum Reichskanzler ernannt. Die neue Regierung unter Hitler leitete unmittelbar in den Wochen und Monaten danach die schrittweise Auflösung aller demokratischen Strukturen der Weimarer Republik ein und ersetzte sie durch ein totalitäres, menschenverachtendes Regime.

Die Bevölkerung nahm den Regierungswechsel unterschiedlich wahr. Der Schriftsteller Hermann Kesten notierte am 23. März: „Der Großteil der Bevölkerung begreift nichts. Jeder Wetterwechsel trifft sie mehr als dieser Regierungswechsel".[1] Die Menschen kämpften mit Arbeitslosigkeit, mit dem harten Winter, und Wahlen waren gegen Ende der Weimarer Republik an der Tagesordnung. Am Tag nach der „Machtergreifung" berichtete die

---

1   Hermann Kesten in einem Brief an Ernst Toller, 23.3.1933, zitiert in: Andreas WIRSCHING: Die deutsche „Mehrheitsgesellschaft" und die Etablierung des NS-Regimes im Jahre 1933. In: Das Jahr 1933. Die nationalsozialistische Machteroberung und die deutsche Gesellschaft. Hg. v. Andreas WIRSCHING. Göttingen 2009 (= Dachauer Symposien zur Zeitgeschichte 9) S. 9–29, hier S. 22.

Zeitung in Flörsheim am Main über die Narrensitzung des dortigen Carnevalsvereins 1928. Sie zitiert den Sitzungspräsidenten mit dem Vers: „Seid mir gegrüßt all hier im Saal,/ ganz egal bei welcher Wahl/ ihr gewählt habt allemal/ Narren ward ihr jedes Mal".[2]

Gegnerinnen und Gegner des Nationalsozialismus aber ahnten die Gefahr, die von der neuen Regierung unter Adolf Hitler ausging, wie die jüdische Publizistin und Ärztin Hertha Nathorff ihrem Tagebuch anvertraute: „Einig sind sich alle in den Worten: Nun wird es anders. Ich aber […] höre, wie sie an ihn glauben, glauben wollen, bereit ihm zu dienen, und mir ist, als hörte ich ein Blatt der Weltgeschichte umwenden, ein Blatt in einem Buche, dessen folgende Seiten mit wüstem und wirrem, unheilvollem Gekritzel beschrieben sein werden".[3]

„Machtergreifung" versus „Machtübernahme"

Der Systemwechsel 1933 wurde seither immer wieder unterschiedlich bezeichnet. Die Verwendung bestimmter Begrifflichkeiten zur Beschreibung des historischen Geschehens zieht nicht zuletzt auch eine bestimmte Blickweise auf den Vorgang des Machtwechsels nach sich. Wie wir die Zäsur 1933 betrachten und welche Schlussfolgerungen wir daraus ziehen, hängt also nicht zuletzt mit der Wortwahl zusammen.

Am geläufigsten ist der Begriff „Machtergreifung", der heute in der populären wie wissenschaftlichen Literatur oft in Anführungszeichen gesetzt wird.[4] Im Gegensatz zu „Gleichschaltung" oder „Reichskristallnacht" handelt es sich bei „Machtergreifung" allerdings um keine explizite Vokabel der NS-Propaganda. Hitler selbst verwendete den Begriff in seinen Reden und Schriften nicht, wie Norbert Frei ausführlich in seiner begriffsgeschichtlichen Untersuchung nachwies.[5] Der Romanist Victor Klemperer hielt in der Zeit des Nationalsozialismus seine Beobachtungen über die Sprache des „Dritten Reiches" (Lingua Tertii Imperii) fest. Zu den Vokabeln zählt er die

---

2 Flörsheimer Zeitung, 31. Januar 1933, Digitale Sammlungen Hochschul- und Landesbibliothek RheinMain, o. S. hebis-Portal https://hlbrm.digitale-sammlungen.hebis.de/zeitungen-hlbrm/periodical/pageview/915893 (abgerufen 13.10.2023).
3 Zitiert in: Wolfgang Benz (Hg.): Das Tagebuch der Hertha Nathorff: Berlin-New York. Aufzeichnungen 1933 bis 1945. Frankfurt a.M. 1988, S. 35.
4 Vgl. Nadine Rossol u. Benjamin Ziemann: Ausnahmerecht, Gewalt und Selbstgleichschaltung. Die „Machtergreifung" der NSDAP 1933. In: Deutschland 1933. Bonn 2023 (= APuZ 4), S. 18–25.
5 Norbert Frei: „Machtergreifung". Anmerkungen zu einem historischen Begriff. In: Vierteljahreshefte für Zeitgeschichte 31 (1983) H. 1, S. 136–145.

Bezeichnung „Machtübernahme". „Machtergreifung" findet sich hingegen nicht auf dem Index.[6]

Der Terminus „Machtergreifung" transportiert, dass die Nationalsozialisten am 30. Januar die Macht in einer Art „Staatsstreich" gegen die herrschende Elite der Weimarer Republik erobert hätten. Es handelt sich um einen technischen, funktionalen aber auch heroischen Begriff, der den kämpferischen Akt betont.[7] Sieht man die „Machtergreifung" als ein plötzliches Ereignis an, kann man damit möglicherweise auch die Passivität der Bevölkerung erklären. Vor allem die Zeitgeschichtsschreibung und Totalitarismusforschung der 1950er Jahre nutzte die Bezeichnung. Sie grenzte 1933 damit deutlich von anderen Formen politischer Machtwechsel ab und stellte den politisch wie moralisch illegitimen Vorgang heraus.[8]

„Machtübernahme" hingegen war nicht nur eine auch im Nationalsozialismus gebräuchliche Vokabel, sondern wurde und wird häufig in der Geschichtsschreibung verwendet, um darauf hinzuweisen, dass die „Machtergreifung" kein punktuelles Ereignis war. „Machtübernahme" meint vielmehr eine Art Prozess oder Transformation, bei der der gesellschaftsgeschichtliche Kontext eine große Rolle spielt.[9] Der Machtwechsel verlief in Etappen und schloss auch Herrschaftsaufbau und -absicherung mit ein.[10]

„Nationale Revolution", „Machtübernahme" oder „Machtübertragung"?

Als Kampfbegriffe der NS-Propaganda gelten die Bezeichnungen „Nationale Erhebung" oder „Nationale Revolution".[11] Sie suggerieren eine breite Zustimmung der Bevölkerung zum Machtwechsel; der Revolutionsbegriff bringt vor allen Dingen den radikalen Bruch mit der alten (Weimarer) Ord-

---

6 Victor KLEMPERER: LTI. Notizbuch eines Philologen. Berlin 1947. Wortindex zu Klemperers LTI im Webarchiv https://archive.ph/WEULH (abgerufen 13.10.2023).

7 FREI: „Machtergreifung", S. 136.

8 FREI: „Machtergreifung", S. 143. Vgl. auch Karl Dietrich BRACHER, Wolfgang SAUER u. Gerhard SCHULZ: Die nationalsozialistische Machtergreifung. Studien zur Errichtung des totalitären Herrschaftssystems in Deutschland 1933/34. Köln/Opladen 1960.

9 Tobias ARAND: Die Machtergreifung in Deutschland und Recklinghausen im Spiegel der Lokalpresse. In: Internetportal Westfälische Geschichte, http://www.westfaelische-geschichte.de/web137 (abgerufen 13.10.2023)

10 Ulrich SCHLIE: Die nationalsozialistische Machtergreifung nach der Machtübertragung. In: Als die Demokratie starb. Die Machtergreifung der Nationalsozialisten. Geschichte und Gegenwart. Hg. v. Thomas WEBER. Freiburg i. Br. 2022, S. 120–134.

11 WIRSCHING: „Mehrheitsgesellschaft", S. 25.

nung zum Ausdruck. Die Koalition aus NSDAP, DNVP und Stahlhelm sah sich selbst als Vertreterin eines „nationalen Zusammenschlusses". Namhafter Repräsentant der „nationalen Erhebung" war Reichspräsident Paul von Hindenburg, die Bilder vom „Tag von Potsdam" am 21. März 1933 verdeutlichen das.[12]

Abb. 2:
Eröffnung des Reichstages am 21. März 1933 („Tag von Potsdam"). Verneigung von Reichskanzler Adolf Hitler vor Reichspräsident Paul von Hindenburg
(Bundesarchiv, Bild 183-S38324 / CC-BY-SA 3.0)

Die von den Nationalsozialisten für ein und denselben Vorgang verwendeten Begriffe „Nationale Erhebung" und „Machtübernahme" stehen im Widerspruch zueinander. Indem die neuen Machthaber eine vermeintliche „nationale Erhebung" beschworen, überdeckten sie die Tatsache, dass Hitler die Macht auf pseudo-legalem Weg nach den Regeln der ihm verhassten Weimarer Reichsverfassung entgegengenommen hatte.[13] „Machtübernahme" hingegen verlieh dem Machtwechsel einen legalen Anstrich.[14]

Bleibt schließlich noch die vor allem in Abgrenzung zu „Machtübernahme" verwendete Bezeichnung „Machtübertragung". Sie betont die Rolle Hindenburgs und von Papens sowie die Unterstützung durch nationalkonservative Kreise. Demnach erscheint der Machtwechsel als ein stärker „von oben" gesteuerter Vorgang, bei dem traditionelle und nationalsozialisti-

---

12 Thomas Weber (Hg.): Als die Demokratie starb. Die Machtergreifung der Nationalsozialisten. Geschichte und Gegenwart. Freiburg i. Br. 2022, S. 14.
13 Vgl. Ebd.
14 Frei: „Machtergreifung", S. 141.

sche Eliten Hand in Hand gingen. Die Begrifflichkeiten führen auf den Grund einer Kontroverse zwischen der DDR-Geschichtsschreibung, welche die These von der „Machtübertragung" vertrat, und der in der Bundesrepublik lange Zeit verfochtenen Sichtweise von der totalitären „Machtübernahme".[15]

Der „Machtübertragung" folgt die „Machtergreifung"

Unabhängig von den Begrifflichkeiten wird der 30. Januar 1933 heute grundsätzlich als epochaler Bruch wahrgenommen. Mit der Ernennung Hitlers und der Auflösung des Reichstages war der Machtwechsel jedoch noch nicht abgeschlossen. Es folgten weitere Maßnahmen, mit denen die Nationalsozialisten ihre Macht ausbauten und die Opposition ausschalteten. In nur wenigen Wochen und Monaten gelang ihnen das – mit Terror, Propaganda und der Durchdringung sämtlicher Organisationen und Institutionen und deren Ausrichtung auf den „Führer". Der Strategieforscher Ulrich Schlie beschreibt die Machtübernahme durch die Nationalsozialisten als einen 18 Monate dauernden Prozess und kombiniert dabei zwei Begriffe: Er begann mit der „Machtübertragung" am 30. Januar, an die sich die eigentliche Phase der „Machtergreifung" anschloss. Diese war spätestens mit dem Tod Hindenburgs am 2. August 1934 abgeschlossen.[16]

Forschungsüberblick

Die Erforschung der „Machtergreifung" war von Anfang an ein zentrales Anliegen der Zeitgeschichtsdisziplin. Erinnert sei an dieser Stelle an das bekannte Werk von Karl Dietrich Bracher, Wolfgang Sauer und Gerhard Schulz „Die nationalsozialistische Machtergreifung. Studien zur Errichtung des totalitären Herrschaftssystems in Deutschland 1933/34" aus dem Jahr 1960 oder die Studie des Historikers Martin Broszat „Die Machtergreifung. Der Aufstieg der NSDAP und die Zerstörung der Weimarer Republik" aus dem Jahr 1984.[17] Aus demselben Jahr stammt auch der von Wolfgang

---

15 Wolfgang WIPPERMANN: „Umstrittene Vergangenheit". Fakten und Kontroversen zum Nationalsozialismus. Berlin 1998, S. 61.
16 SCHLIE: Machtergreifung, ebd.
17 BRACHER, SAUER u. SCHULZ: Machtergreifung. Vgl. zudem Martin BROSZAT (Hg.): Die Machtergreifung. Der Aufstieg der NSDAP und die Zerstörung der Weimarer Republik. München

Michalka herausgegebene Sammelband über „Die nationalsozialistische Machtergreifung", der dieses Ereignis als den Beginn der NS-Revolution versteht und das Bündnis der Eliten mit Hitler als Voraussetzung dafür begreift.[18] Ein von Michael Kißener im Jahr 2009 herausgegebener Sammelband reflektiert anhand älterer und neuer Beiträge die Entwicklung des Forschungsstands.[19] Auch in unserer Gegenwart ist das wissenschaftliche und öffentliche Interesse an diesem Thema nach wie vor groß: Der 2022 von Thomas Weber herausgegebene Sammelband „Als die Demokratie starb. Die Machtergreifung der Nationalsozialisten – Geschichte und Gegenwart" möchte ebenfalls den Ursachen und Voraussetzungen der „Machtergreifung" auf den Grund gehen und plausible Argumente liefern, wie das passieren konnte – und ob es in Zukunft wieder passieren kann.[20]

In der zeithistorischen Forschung wird die „Machtergreifung" zu Recht mit der Zerstörung beziehungsweise mit dem „Scheitern" – wie es ja früher oft hieß – der Weimarer Republik und der Entstehungsphase der nationalsozialistischen Diktatur verknüpft. Über die Gründe, wie es zum Fall der Weimarer Republik gekommen ist, oder, anders formuliert, wie sich die NS-Machtübernahme vollzogen hat, herrscht keine Einigkeit unter Historikerinnen und Historikern – einig ist man sich über die Tatsache, wie rasch die bestehende demokratische Ordnung untergraben und aufgelöst worden ist, wie rasch sich die staatlichen Instanzen der neuen NS-Staatsgewalt gefügt haben und wie rasch der „Gleichschaltungsprozess" zum Abschluss gebracht worden ist – wobei einige Autorinnen und Autoren die „Machtergreifungs"-Phase erst mit dem Parteienverbot im Juni 1934 oder später als abgeschlossen ansehen.

Die „Machtergreifung" in der Provinz

Doch die „Machtergreifung" spielte sich nicht nur in Berlin oder auf Länderebene ab. In der Provinz fanden ebenfalls „Machtergreifungen" statt, lokale „Führer" übernahmen die Macht, besetzten Schlüsselpositionen der lo-

---

1984 (= Deutsche Geschichte der neuesten Zeit vom 19. Jahrhundert bis zur Gegenwart).

18   Wolfgang MICHALKA (Hg.): Die nationalsozialistische Machtergreifung. Paderborn 1984. Vgl. auch Rudolf LILL u. Heinrich OBERREUTER (Hgg.): Machtverfall und Machtergreifung. Aufstieg und Herrschaft des Nationalsozialismus. München 1983.

19   Michael KISSENER (Hg.): Der Weg in den Nationalsozialismus. Neue Wege der Forschung. Darmstadt 2009.

20   WEBER (Hg.): Als die Demokratie starb.

kalen Verwaltungen mit Vertrauensleuten, um den staatlichen Apparat für die Ziele des Nationalsozialismus zu mobilisieren, und verdrängten politische Funktionsträger von einflussreichen Instanzen. Zur gleichen Zeit wurden politische Gegner und Andersdenkende verhaftet und drangsaliert, die systematische Diskriminierung der Juden nahm ihren Anfang. Diese Vorgänge auf regionaler und lokaler Ebene zu untersuchen und in überregionale, gesamtstaatliche Entwicklungen einzubetten, stellt eine wichtige Aufgabe dar, da es immer noch „weiße Flecken" auf der historiographischen Karte gibt, etwa im Bereich der kommunalen Verwaltung, trotz der inzwischen unüberschaubaren Fülle an lokalen Studien.[21] Wie der Historiker und Direktor des Instituts für Zeitgeschichte Andreas Wirsching feststellt:

> „Rund drei Jahrzehnte intensiver regional- und lokalgeschichtlicher Erforschung des Nationalsozialismus haben unsere Kenntnisse erheblich erweitert, ohne dass man sagen könnte, zum Thema ‚Nationalsozialismus in der Region' bestünde so etwas wie ein allgemein akzeptierter Forschungsstand".[22]

Regionale und lokale Studien

Seit den 1960er Jahren lässt sich ein verstärktes Interesse beobachten, die nationalsozialistische Geschichte auf regionaler und lokaler Ebene aufzuarbeiten. Von einer genauen Analyse der Verhältnisse vor Ort versprach man sich ein besseres Verständnis der Ursachen, die zum machtpolitischen Aufstieg der nationalsozialistischen Bewegung geführt haben. Wichtige Impulse kamen dabei von der englischsprachigen Forschung. So konnte

---

21 Horst MÖLLER, Andreas WIRSCHING u. Walter ZIEGLER (Hgg.): Nationalsozialismus in der Region. Beiträge zur regionalen und lokalen Forschung und zum internationalen Vergleich, München 1996 (= Schriftenreihe der Vierteljahreshefte für Zeitgeschichte, Sondernummer). Vgl. außerdem Ulrich von HEHL: Nationalsozialismus und Region. Bedeutung und Probleme einer regionalen und lokalen Erforschung des Dritten Reiches. In: Zeitschrift für Bayerische Landesgeschichte 56 (1993), S. 111–129. Kurt DÜWELL: Die regionale Geschichte des NS-Staates zwischen Mikro- und Makroanalyse. Forschungsaufgaben zur „Praxis im kleinen Bereich". In: Jahrbuch für Westdeutsche Landesgeschichte 9 (1983), S. 287–344. Horst GRILL: Local and Regional Studies on National Socialism. A Review. In: Journal of Contemporary History 21 (1986), S. 253–294.

22 Zitiert nach: Andreas WIRSCHING: Nationalsozialismus in der Region. Tendenzen der Forschung und methodische Probleme. In: Nationalsozialismus in der Region. Beiträge zur regionalen und lokalen Forschung und zum internationalen Vergleich. Hgg. v. Horst MÖLLER, Andreas WIRSCHING u. Walter ZIEGLER. München 1996 (= Schriftenreihe der Vierteljahreshefte für Zeitgeschichte, Sondernummer), S. 25–61, hier S. 25.

William S. Allen in seiner 1965 veröffentlichten Studie über das niedersächsische Northeim nachweisen,[23] dass die „Machtergreifung" auch „von unten" erfolgte und ohne die tiefe Verankerung der Partei Hitlers im ländlichen Raum undenkbar gewesen wäre.[24] Diese Studie machte deutlich, welches Erkenntnispotenzial der Geschichtsforschung bisher verborgen geblieben war.

Auch deutsche Autorinnen und Autoren griffen diesen Ansatz auf und verfassten regional und lokal orientierte Studien. Eberhard Schön beispielsweise legte 1972 eine Arbeit über die „Entstehung des Nationalsozialismus in Hessen" vor.[25] Einen Meilenstein der regionalen NS-Forschung stellt zweifellos das sechsbändige Werk „Bayern in der NS-Zeit" dar, das vom Institut für Zeitgeschichte zwischen 1977 und 1983 herausgegeben worden ist.[26] Dieses Pionierwerk, das die gesamte Zeit von 1933 bis 1945 in den Fokus nahm, setzte mit seiner Intention, auf der Grundlage staatlicher und parteiinterner Quellen die vielfältigen gesellschaftlichen Verhaltensweisen gegenüber der nationalsozialistischen Diktatur im bayerischen Raum – unter dem postulierten Prinzip „Herrschaft versus Gesellschaft" – zu untersuchen, neue Maßstäbe bei der Erforschung des Nationalsozialismus „von unten". Der 50. Jahrestag der „Machtergreifung" im Jahr 1983 bot dann eine gute Gelegenheit, sich diesem Thema zu widmen, und so entstanden zahlreiche Projekte. In den 1980er und 1990er Jahren nahm die Zahl lokaler Veröffentlichungen zur NS-Geschichte erheblich zu.

Die „Machtergreifung" im lokalen Raum war auch in den 2000er Jahren ein wichtiges Forschungsthema. Andreas Wirsching legte 2009 den Sammelband „Das Jahr 1933. Die nationalsozialistische Machteroberung und die deutsche Gesellschaft" vor.[27] Die Verfasserinnen und Verfasser der darin enthaltenen Beiträge fokussieren auf unterschiedliche Aspekte der „Machtergreifung", etwa auf die Einstellung der Eliten (Joachim Scholtyseck), die Rolle der Gewalt (Dirk Schumann) und die Haltung der bayerischen Bezirksämter (German Penzholz). Dieser Sammelband, der teilweise einen bayerischen Schwerpunkt hat, erschöpft zwar nicht die Themenvielfalt, hat aber eine richtungsweisende Funktion: Dabei geht es um die Er-

---

23 William Sheridan ALLEN: The Nazi Seizure of Power. The Experience of a single German Town 1930–1933. Chicago 1965.
24 WIRSCHING: Nationalsozialismus, S. 27.
25 Eberhart SCHÖN: Die Entstehung des Nationalsozialismus in Hessen. Meisenheim am Glan 1972.
26 Martin BROSZAT u.a. (Hgg.): Bayern in der NS-Zeit. 6 Bde. München/Wien 1977–1983.
27 Andreas WIRSCHING (Hg.): Das Jahr 1933. Die nationalsozialistische Machteroberung und die deutsche Gesellschaft. Göttingen 2009 (= Dachauer Symposien zur Zeitgeschichte 9).

fahrungsgeschichte der Mitlebenden, die weder politische Subjekte waren noch zu den Opfern des staatlich verordneten NS-Terrors gehörten.

Forschungsperspektiven – die Mikroebene

Die Fokussierung auf die Mikroebene eröffnet der Forschung neue Perspektiven, verspricht wichtige Erkenntnisse und trägt dazu bei, die „kleinen Ereignisse" in das große Bild einzufügen: Wie entscheidend war die Stärke beziehungsweise die Schwäche der lokalen NS-Parteiorganisationen für die „Machtergreifung"? War die „Machtergreifung" von oben gesteuert oder nahmen die NS-Akteurinnen und Akteure vor Ort Rücksicht auf lokale Gegebenheiten? Welche Ereignisse trugen zur Radikalisierung beziehungsweise zur Entradikalisierung der „Machtergreifung" bei? War Gewalt stets ein zentrales Element der NS-Machtdurchsetzung? Wann ließen sich die Nationalsozialisten auf eine Kooperation mit dem „alten Establishment" ein, wann bekämpften sie es? Lösten die sogenannten „alten Kämpfer" die bürgerlichen Funktionsträger ab, genossen sie gesellschaftliches Ansehen oder waren sie Außenseiter? Welche Milieus begünstigten den Aufstieg der Nationalsozialisten und machten sie „salonfähig"? Welche Rolle spielten die besonderen gesellschaftlichen, wirtschaftlichen, kulturellen und religiösen Hintergründe und Strukturen vor Ort, ebneten oder erleichterten sie den Nationalsozialisten den Weg zur Macht?

Caroline Wagner schreibt in ihrer viel beachteten Sozialstudie von 1998 zur „Machtergreifung" in Lippe: „Festzuhalten bleibt dabei [...], dass unterschiedliche soziale, ökonomische und politische Konstellationen in jeder Gemeinde zu einer ganz individuellen Geschichte der NS-Machtergreifung führten".[28] Vielleicht kann der vorliegende Band dazu beitragen, diese Schlussfolgerung auch für das Rhein-Main-Gebiet zu bestätigen – oder zu revidieren.

---

28 Caroline WAGNER: Die NSDAP auf dem Dorf. Eine Sozialgeschichte der NS-Machtergreifung in Lippe. Münster 1998, S. 253.

BEITRÄGE

Peter Quadflieg

Die „Machtergreifung" in Wiesbaden – Forschungsstand und Desiderata

Erinnerung und Gedenken an die „Machtergreifung"

Der 90. Jahrestag der „Machtergreifung" der Nationalsozialisten am 30. Januar 1933 eröffnet eine gestreckte Erinnerungsdekade, die zentrale Ereignisse der NS-Geschichte in das öffentliche Bewusstsein zurückholt. Diese Gedenk- und Erinnerungsphase wird den Weg zum Kulminationspunkt der Historisierung der NS-Herrschaft 100 Jahre nach den historischen Ereignissen und des europäischen Zentenariums zum Sieg über Deutschland im Zweiten Weltkrieg 2045 bereiten.

Dabei wird die nun anstehende Erinnerungsdekade die erste sein, die nahezu vollständig ohne aussagefähige, lebende Zeitzeugen auskommen wird. Nach Aleida und Jan Assmann erlöscht damit endgültig das durch die mündliche Tradierung gebildete kommunikative Gedächtnis[1] an die NS-Herrschaft. Die Erinnerungskultur verändert sich. Zugleich hat in Politik, Feuilleton und Publizistik der historische Vergleich nach wie vor Konjunktur. In teilweise abenteuerlichen Vereinfachungen wurden beispielsweise Parallelen zwischen der kurzzeitigen Wahl des FDP-Politikers Thomas Kemmerich zum Ministerpräsidenten von Thüringen mit Stimmen der AfD und der Ernennung Hitlers zum Reichskanzler gezogen.[2]

Sind diese Tendenzen einerseits selbst Ausdruck der voranschreitenden Historisierung der deutschen Geschichte der 1930er- und 1940er Jahre, so

---

1 Vgl. zum Konzept zusammenfassend: Harald WELZER: Das kommunikative Gedächtnis: Eine Theorie der Erinnerung. 4. Auflage München 2017.
2 In Bezug auf den historischen Vergleich zwischen der Wahl Kemmerichs und der „Machtergreifung" 1933 durch den abgewählten Thüringer Ministerpräsidenten Bodo Ramelow auf Twitter schrieb der Politikressortchef der FAZ, Jaspar von Altenbockum, in einem Kommentar treffend: „Geschichte wird nicht mehr als abschreckendes Beispiel wahrgenommen, sondern als Waffenarsenal, in dem sich jeder gerade so bedienen kann, wie er

zeigen sie anderseits, dass die Weimarer Zeit und die NS-Geschichte nach wie vor ein hohes Maß an öffentlicher Aufmerksamkeit genießen.[3] Zudem können wir feststellen, dass in der bundesdeutschen kollektiven Erinnerung, wie sie sich ab Mitte der 1990er Jahre herausgebildet hat, Nischen für regionale und lokale Erinnerungsdiskurse bestehen.[4]

Dies ist auch für die hessische Landeshauptstadt Wiesbaden in Bezug auf die sogenannte „Machtergreifung", also die Regierungsübernahme durch die NSDAP ab dem 30. Januar 1933, der Fall. Im Folgenden wird versucht, die lokalen Spezifika des örtlichen Erinnerungsdiskurses um die „Machtergreifung" thesenhaft zu erläutern. Dabei werden wir feststellen, dass die lokale Erinnerung an die NS-„Machtergreifung" zunächst durch zwei, später drei zentrale Motive bestimmt war.

Lokale Narrative und Forschungsstand

Seit den 1970er Jahren wurde der 30. Januar 1933 zunächst primär im Kontext der Selbstviktimisierung der Wiesbadener Mehrheitsgesellschaft als Opfer der nationalsozialistischen Terrorherrschaft gelesen. Sekundär wurde die „Machtergreifung" als Fanal des noch offenen, dann verdeckten Widerstands, insbesondere aus der Sozialdemokratie gegen die NS-Machthaber interpretiert. Erst ab Ende der 1980er Jahre rückte zusätzlich die Entrechtung und Verfolgung insbesondere der jüdischen Bevölkerung der Stadt ins Zentrum der Erinnerung, auch im Kontext der „Machtergreifung". Nicht in den Fokus gerückt sind bis heute hingegen die zahllosen Anpassungs- und Anbiederungsprozesse, die Institutionen und Einzelakteure in Wiesbaden in den Wochen und Monaten nach der Ernennung Hitlers zum Reichskanzler weitestgehend freiwillig vollzogen haben.

Der lokale Forschungsstand ist vor diesem Hintergrund schnell umrissen. Er wird im Wesentlichen gebildet durch einen, bereits 1983 erstmals erschienenen und dann mehrfach variiert abgedruckten Aufsatz von Wolf-

---

will – je größer die Keule, desto besser". Vgl. Jaspar von ALTENBOCKUM: Am Tag von Erfurt. In: Frankfurter Allgemeine Zeitung (FAZ), Nr. 32, 7. Februar 2020, S. 8.

3   Dies zeigen etwa die vielen Neuerscheinungen zum Jahr 1923 in jüngster Zeit. Vgl. Alexander GALLUS: Das Weimarer Doppelgesicht. In: FAZ, Nr. 278, 29. November 2022, S. 10.

4   Vgl. etwa den lokale Erinnerungsdiskurse reflektierenden Sammelband: Ehrregime. Akteure, Praktiken und Medien lokaler Ehrungen in der Moderne. Hgg. v. Dietmar von Reeken u. Malte Thießen. Göttingen 2016; Malte THIESSEN: Das kollektive als lokales Gedächtnis: Plädoyer für eine Lokalisierung von Gedächtnispolitik. In: Geschichtspolitik und kollektives Gedächtnis. Erinnerungskulturen in Theorie und Praxis. Hg. v. Harald SCHMID. Göttingen 2009, S. 159–180.

Arno Kropat. Der 1932 in Görlitz geborene Historiker, der 2004 verstorben ist, war langjähriger leitender Direktor des Hessischen Hauptstaatsarchivs Wiesbaden und Vorsitzender der Historischen Kommission für Nassau.[5] Sein Aufsatz erschien zum 40. Jahrestag der „Machtergreifung" 1983 im Periodikum „Nassauische Annalen"[6] und wurde in einer komprimierten Form auch zum Wiesbadener Beitrag für den Sammelband „Hessen unterm Hakenkreuz" von 1984.[7] Ein weiterer Wiederabdruck erschien 1990 in einem von der Hessischen Landeszentrale für politische Bildung herausgegebenen Sammelband.[8]

Abb. 1:
Dr. Wolf-Arno Kropat, langjähriger Leiter des Hessischen Hauptstaatsarchivs Wiesbaden, ca. 1985 (StadtA WI F000 Nr. 23, Fotograf: Haluk Olgac)

5   Zu Kropats Biographie vgl. Winfried Schüler: Artikel „Kropat, Wolf-Arno". In: Wiesbaden. Das Stadtlexikon. Hg. v. Magistrat der Landeshauptstadt Wiesbaden. Darmstadt 2017, S. 531.
6   Vgl. Wolf-Arno Kropat: Die nationalsozialistische Machtergreifung am 30. Januar 1933 in Wiesbaden und Nassau. In: Nassauische Annalen 94 (1983), S. 245–277. Der 1983er-Aufsatz fußte seinerseits auf zwei Vorträgen, die Kropat 1983 zum Thema gehalten hatte. Vgl. Ebd. (Anm. 1). In gleichlautender Form erschien der Text auch in Fortsetzungen als Wolf-Arno Kropat: Die nationalsozialistische Machtergreifung 1933. In: Mitteilungsblatt des Geschichtsvereins Herborn 31 (1983) H. 4, S. 149–155, 32 (1984) H. 1, S. 20–44 und 32 (1984) H. 3, S. 90–105.
7   Vgl. Wolf-Arno Kropat: Die nationalsozialistische Machtergreifung in Wiesbaden und Nassau. In: Hessen unterm Hakenkreuz. Hg. v. Eike Hennig. 2 Auflage Frankfurt am Main 1984, S. 260–278.
8   Vgl. Wolf-Arno Kropat: Die nationalsozialistische Machtergreifung in Wiesbaden und Nassau. In: Als es mit der Freiheit zu Ende ging. Studien zur Machtergreifung der NSDAP in Hessen. Hgg. v. Werner Wolf u. Antonio Peter. Wiesbaden 1990, S. 103–122.

Die NSDAP auf dem Weg zur „Machtergreifung" in Wiesbaden

Kropats Darstellung besteht primär aus einer Analyse des Wahlverhaltens im Regierungsbezirk Wiesbaden zwischen 1924 und 1933 sowie einer schmalen Chronologie der Ereignisse in der Stadt und dem Nassauer Land nach dem 30. Januar 1933. Sie stand dabei in der Tradition der Arbeiten von Karl Dietrich Bracher, der die bis heute nachwirkende wegweisende Interpretation der „Machtergreifung" bereits ab Mitte der 1950er Jahre vorgelegt hatte.[9]

Kropat betonte 1983 zurecht, dass die Stadt Wiesbaden bei der Reichstagswahl am 14. September 1930 bereits eine NSDAP-Hochburg mit 27,4 Prozent der Wählerstimmen geworden war.[10] Für die überdurchschnittlichen Erfolge der Nationalsozialisten in der ehemaligen nassauischen Residenzstadt bot der Historikerarchivar die prekäre wirtschaftliche Situation mit dem Niedergang des Kurwesens nach dem Ersten Weltkrieg und infolge von Rheinlandbesetzung und Weltwirtschaftskrise als Erklärung an.[11] Kropat führte weiter aus, dass es „[g]erade für die Stadt Wiesbaden [...] naheliegend zu sein [scheint], einen engen Zusammenhang zwischen der katastrophalen wirtschaftlichen und sozialen Situation und dem sehr frühzeitigen starken Anwachsen der NSDAP zu sehen".[12]

Völlig zu Recht verbannte Kropat die volkstümliche These, es seien vor allem Arbeitssuchende aus dem Proletariat gewesen, die Hitler gewählt hätten, und argumentierte anhand der Wahlergebnisse, genauer der Stimmanteilverschiebungen zwischen den Parteien, dass vielmehr die kleinbürgerlichen, traditionell konservativ und national wählenden Schichten aus Angst vor Wohlstandsverlust von den liberalen und nationalliberalen Parteien zur NSDAP übergelaufen seien.[13]

---

9 Vgl. Karl Dietrich BRACHER u.a.: Die nationalsozialistische Machtergreifung. Studien zur Errichtung des totalitären Herrschaftssystems in Deutschland 1933/34. Köln 1960 sowie Karl Dietrich BRACHER: Die deutsche Diktatur. Entstehung, Struktur, Folgen des Nationalsozialismus. Köln 1969.

10 Im Reichsdurchschnitt erreichte die NSDAP 18,3 Prozent der Stimmen. Vgl. KROPAT: Machtergreifung, 1983, S. 250.

11 Kropat beziffert die auf Arbeitslosen- und Wohlfahrtsleistungen angewiesen Wiesbadener auf dem Höhepunkt der Weltwirtschaftskrise mit 50.000 Personen, was jedem dritten Einwohner entsprach. Vgl. KROPAT: Machtergreifung, 1990, S. 104.

12 KROPAT: Machtergreifung, 1983, S. 252.

13 Vgl. hierzu schon Jürgen W. Falter u.a.: Arbeitslosigkeit und Nationalsozialismus. Eine empirische Analyse des Beitrags der Massenerwerbslosigkeit zu den Wahlerfolgen der NSDAP 1932 und 1933. In: Historical Social Research, Supplement 25 (1983), S. 111–144.

In der Tat waren die Wahlergebnisse der NSDAP im Wahlkreis Hessen-Nassau seit dem Einsetzen der Weltwirtschaftskrise 1929 immer überdurchschnittlich, wobei sich die Stadt Wiesbaden wiederum zu den NSDAP-Hochburgen im Wahlkreis zählen lässt. Durch das Ende der Rheinlandbesetzung im Sommer 1930 und den damit einhergehenden erweiterten Möglichkeiten zur Agitation wuchs auch die Mitgliederstärke der erst 1926 gegründeten NSDAP Wiesbaden. Ende 1930 lagen die Mitgliederzahlen der Partei in der Stadt mit einem Mitglied pro 127 Einwohnern genauso wie ein Jahr später – Ende 1931 – mit einem Mitglied pro 67 Einwohnern über dem Reichsdurchschnitt.[14] Sie fielen dann aber bis Frühjahr 1933 wieder hinter den deutschlandweiten Durchschnitt zurück.[15] Nichtsdestotrotz gelangen der Partei in Wiesbaden spektakuläre Propagandaerfolge. Dazu zählte etwa eine Rede Hitlers im Rahmen von dessen drittem „Deutschlandflug" am 28. Juli 1932 mit mehreren zehntausend Teilnehmern auf einem Sportfeld an der Frankfurter Straße.[16]

Abb. 2:
Fahnenschmuck am neuen Rathaus nach der Reichstagswahl vom 5. März 1933 (Stadtarchiv Wiesbaden, StadtA WI F000 Nr. 36, Fotograf unbekannt).

14 Eigene Berechnungen. Angaben zu den Mitgliederzahlen der NSDAP in Wiesbaden nach: 10 Jahre N.S.D.A.P. Kreis Wiesbaden 1926–1936. Hg. v. der Kreisleitung Wiesbaden der NSDAP. Wiesbaden 1936.
15 Vgl. hierzu auch schon: Stephanie Susanne HOFFMANN: Die Entwicklung der NSDAP in Wiesbaden in den Jahren 1926 und 1933. Unveröffentlichte Magisterarbeit. Universität Mainz 1991. Vgl. auch die romanhafte-narrative Umsetzung im Buch derselben Autorin: Stephanie ZIBELL: Der Großvater. Aufstieg der NSDAP in Wiesbaden. Wiesbaden 1999.
16 Vgl. Claudia ZENKER-OERTEL: Die Wiesbadener NSDAP in der Weimarer Republik bis 1933. Diss. Universität Leipzig 2005, S. 154 f.

Die „Machtergreifung" in Wiesbaden: Ein Prozess von Gewalt und Entrechtung?

Den Prozess der Machtübernahme selbst schilderte Kropat als Abfolge von Gewalttaten und Entrechtungsschritten, wie der Einsetzung von SA- und SS-Männern als Hilfspolizisten, Überfällen auf die noch aktiven Sozialdemokraten und Kommunisten sowie die Absetzung missliebiger Beamter – nicht selten auf dem Weg der sogenannten „Schutzhaft". So wurden etwa der seit 1930 im Amt befindliche DVP-Oberbürgermeister Georg Krücke (1880–1961)[17] oder die sozialdemokratischen Stadträte[18] zunächst in „Schutzhaft" genommen und dann zum Rücktritt gedrängt.

Weitere Etappenschritte des lokalen „Gleichschaltungsprozesses" waren die kommunalen Neuwahlen in Preußen am 28. Februar 1933, die der NSDAP in Wiesbaden die absolute Mehrheit der Sitze im Stadtparlament bescherte. Als augenscheinliche Symbole der Anbiederung an die neuen Machthaber wurde schon am 31. März 1933 die Umbenennung des Schlossplatzes in Adolf-Hitler-Platz sowie die Verleihung der Ehrenbürgerwürde an den „Führer" der NSDAP durch die Stadtverordnetenversammlung beschlossen und das Rathaus unter großer Anteilnahme der Bevölkerung mit Hakenkreuzfahnen beflaggt.[19]

Am Folgetag, dem 1. April 1933, kam es in Wiesbaden wie im ganzen Reich zum ersten großen Boykott jüdischer Geschäfte und Einrichtungen und zu Ausschreitungen gegen Jüdinnen und Juden. Am 22. April waren die ersten beiden Todesopfer der antijüdischen Ausschreitungen zu beklagen.[20]

Durch die De-facto-Verbote von KPD und SPD bis Juni 1933 und durch die Selbstauflösung der übrigen Parteien folgte die „Gleichschaltung" der Stadtverordnetenversammlung und des Magistrats sowie deren Ablösung durch das „Führerprinzip" auch auf kommunaler Ebene. Zugleich vollzog sich auch in Wiesbaden der sogenannte „Gleichschaltungsprozess" auf

---

17 Krücke wurde 1945/46 nochmals von den Amerikanern als Oberbürgermeister eingesetzt und schloss sich der FDP an. Vgl. Stephanie ZIBELL: Artikel „Krücke, Georg Christian Heinrich". In: Wiesbaden. Das Stadtlexikon, S. 531 f.
18 Vgl. KROPAT: Machtergreifung, 1990, S. 115–118.
19 Lediglich die neun Stadtverordneten der SPD und ein Abgeordneter des Zentrums stimmten dagegen. Vgl. Ebd.
20 Vgl. hierzu Lothar BEMBENEK u. Axel ULRICH: Widerstand und Verfolgung in Wiesbaden 1933–1945. Eine Dokumentation. Gießen 1990, S. 279 (Dok. 152). Zu den politischen Morden im Rahmen der „Machtergreifung" vgl. auch: Lothar BEMBENEK: Politverbrecher. SA-Morde an Wiesbadener Bürgern (1933). In: Verbrechen und Schicksale. Ein Wiesbadener Pitaval. Hg. v. Hans-Jürgen FUCHS. Wiesbaden 2005, S. 99–113.

allen Ebenen des öffentlichen Lebens, zumeist freiwillig und im vorauseilenden Gehorsam.

Allerdings war schon Kropat bemüht, die „Machtergreifung" auch als Zeit der Gewaltherrschaft zu zeichnen, in der „Nazis in Zivil" gewalttätig gegen die bestehende Ordnung vorgingen, während er die einfache Bevölkerung der Stadt als zweigeteilt darstellte. Neben den jubelnden Nationalsozialisten steht bei Kropat „[d]ie andere Hälfte", die „schweigend und voller Furcht vor der drohenden Diktatur", am „Ideal der Selbstbestimmung des freien Bürgers und der sozialen Gerechtigkeit" festhielt.[21]

Abb. 3:
Straßenabsperrung mit Hakenkreuzfahnen vor dem Eingangsbereich des neuen Rathauses für den Festzug des Erntedankfestes, September 1933 (Stadtarchiv Wiesbaden, StadtA WI F000 Nr. 6282, Fotograf Paul Schäfer).

Die „Machtergreifung" als lokales Narrativ

Hier begegnen wir der lokalen Ausformung eines Narratives, das auch auf nationaler Ebene nachzuzeichnen ist. Aus der Tatsache, dass die NSDAP bei freien Wahlen nie die absolute Mehrheit der Wählerstimmen errungen hat, wurde in der Retrospektive ein vermeintlicher fester demokratischer Kern in der deutschen Gesellschaft konstruiert. Damit wurde gleichzeitig narrativ ein Gegengewicht zu den erfolgreichen Nationalsozialisten und gleichzeitig eine, große Teile der deutschen Gesellschaft einschließende, Opfergruppe der anständigen Deutschen von 1933 geschaffen.[22]

Während 1953 und 1963 die Wiederkehr der „Machtergreifung" in Wiesbaden scheinbar kein mediales Echo fand, wurde 1973 im Sinne dieses Narratives durch Ministerpräsident Albert Osswald (SPD) und Oberbürgermeister Rudi Schmitt (SPD) eine Ausstellung zur „Machtergreifung" vor vierzig Jahren in den Brunnenkolonnaden am Wiesbadener Kurhaus eröff-

---

21 Zitate bei KROPAT: Machtergreifung, 1983, S. 110 f.
22 Vgl. hierzu Norbert FREI: 1945 und wir. Das Dritte Reich im Bewußtsein der Deutschen. München 2009, S. 98–111.

net. Die Schau bestand aus zwei Teilen. Während das deutsche Sachsen-hausen-Komitee einen Abschnitt zur Geschichte der nationalsozialisti-schen Konzentrationslager erstellt hatte, also insbesondere die politisch Verfolgten der Nationalsozialisten thematisierte, trugen die Hessischen Staatsarchive einen Teil zum „hessischen Widerstand gegen des NS-Regime 1933–1945" bei.[23]

Die „Machtergreifung" konnte so auch lokal zu einem „Betriebsunfall der Geschichte"[24] stilisiert werden, dessen erste Opfer wie entschiedene Geg-ner Deutsche waren. Die öffentliche Kanonisierung dieser Sichtweise wur-de auch dadurch unterstützt, dass 1983 eine regelrechte Erinnerungskon-junktur in Bezug auf die „Machtergreifung" einsetzte, die weder früher noch später eine Entsprechung gefunden hat.

Aus städtischer Perspektive fanden die zahlreichen Veranstaltungen und die Presseberichterstattung einen Höhepunkt in einer öffentlichen Sonder-sitzung der Stadtverordnetenversammlung am 30. Januar 1983.[25] Kern der Veranstaltung war der Vortrag von Wolf-Arno Kropat, der dann zur Basis für seinen im selben Jahr in den „Nassauischen Annalen" veröffentlichten Auf-satz wurde.[26] Es folgten kurze Wortbeiträge von Stadtverordneten der CDU, der SPD und der FDP, die verschiedene Facetten des genannten frühen Erinnerungskonsenses bedienten. Der spätere Oberbürgermeister Hilde-brand Diehl betonte für die CDU, dass „die Menschen am 30. Januar 1933 nicht gewusst, nicht einmal geahnt und schon gar nicht gewollt"[27] hätten, was in den folgenden zwölf Jahren der NS-Herrschaft geschah.

Bereits in seinen Eröffnungsworten hatte Stadtverordnetenvorsteher Kurt Lonquich[28] (CDU) betont, „zahllose Deutsche" hätten 1933 die „ersten Schrit-te in das Verderben […] geblendet und irregeführt" getan.[29] Für die SPD

---

23 Vgl. NS-Greul werden wieder lebendig. KZ-Ausstellung mahnt zur Besinnung und zu ver-antwortungsbewusstem Handeln. In: Wiesbadener Kurier, 30. Januar 1973, S. 3.

24 Zum Topos des „Betriebsunfalls" vgl. Jürgen STEINLE: Hitler als „Betriebsunfall in der Ge-schichte". Eine historische Metapher und ihre Hintergründe. In: Geschichte in Wissen-schaft und Unterricht 45 (1994) H. 5, S. 288–302.

25 Vgl. in die Wiesbadener Erinnerungspolitik einordnend Philipp KRATZ: Eine Stadt und die Schuld. Wiesbaden und die NS-Vergangenheit seit 1945. Göttingen 2019 (= Beiträge zur Geschichte des 20. Jahrhunderts 25), S. 286–298. Die Veranstaltung wurde dokumentiert in: 30.01.1933. Ursachen und Folgen der Machtergreifung durch die Nationalsozialisten. Niederschrift der Gedenksitzung der Stadtverordnetenversammlung vom 30. Januar 1983. Hg. v. der Landeshauptstadt Wiesbaden. Umdruck [1983].

26 Vgl. Wolf-Arno KROPAT: Die nationalsozialistische Machtergreifung und das Ende der kom-munalen Selbstverwaltung in Wiesbaden. In: Ebd., S. 6–50.

27 Wortbeitrag Stadtverordneter DIEHL (CDU). In: Ebd., S. 41–45, hier S. 41.

28 Zum 1914 in Trier geborenen Lonquich vgl. Günther STAHL: Artikel „Lonquich, Kurt". In: Wiesbaden. Das Stadtlexikon, S. 585.

29 Wortbeitrag Stadtverordnetenvorsteher Lonquich (CDU). In: 30.01.1933. Ursachen und Folgen, S. 1–5, hier S. 1.

machte der stellvertretende Fraktionsvorsitzende Wolfgang Hessenauer deutlich, dass der Gedenktag „dem Andenken all jener, die auf Grund ihrer sozialdemokratischen Überzeugung [...] Verfolgung, Haft und Folter erlitten und jeden, die ihre Überzeugung mit ihrem Leben bezahlt haben"[30] dienen solle. Während die CDU also das deutsche Opfernarrativ bediente, stellte die SPD das deutsche Widerstandsmotiv von 1933 in den Vordergrund.

Für die FDP versuchte sich der Stadtverordnete Martin Egger in eigenen Erklärungsversuchen, wenn er betonte, dass deutsche Volk sei in den 1930er Jahren im „Gebrauch der parlamentarischen Demokratie nicht eingeübt" gewesen. Zugleich schlug er den Bogen von der „Machtergreifung" zu „Chaoten und utopischen Weltverbesse[n]" im Jahr 1983, die die „in der Bundesrepublik Deutschland inzwischen entwickelte Pflanze Demokratie vergiften"[31] wollten.

Das in den Wortbeiträgen zu fassende Motiv einer deutschen Selbstviktimisierung sowie ein spezifisch Wiesbadener Widerstandsnarrativ manifestierten sich auch in der begleitenden Presseberichterstattung.[32] Wie Philipp Kratz 2019 überzeugend festgestellt hat, herrschte hingegen „über individuelle Schuldanteile" sowie „lokale Täter und Mittäter des NS-Terrors"[33] zu Beginn der 1980er Jahre mit Ausnahme weniger exponierter Personen Schweigen.

Abb. 4:
Der CDU-Politiker Kurt Lonquich, langjähriger Stadtverordneter 1956 bis 1989 und Stadtverordnetenvorsteher von 1979 bis 1989, ca. 1989 (StadtA WI F001 Nr. 1607, Fotograf: Joachim B. Weber).

Abb. 5:
Die erste große Ausstellung zur NS-Geschichte in Wiesbaden in den Brunnenkollonaden am Kurhaus 40 Jahre nach der Machtergreifung 1973 (StadtA WI F001 Nr. 3583, Fotograf Joachim B. Weber).

30   Wortbeitrag Stadtverordneter Diehl (CDU). In: Ebd., S. 46–50, hier S. 47.
31   Wortbeitrag Stadtverordneter Dr. Egger (FDP). In: Ebd., S. 51–53, hier S. 51.
32   Vgl. exemplarisch Viola Bolduan: „Die Machtergreifung der NSDAP in Wiesbaden". In: Wiesbadener Kurier, 29./30.01.1983, S. 6.
33   Vgl. Kratz: Eine Stadt und die Schuld, S. 375.

Abb. 6:
Demontage des schwarz-rot-goldenen Adlers vom Postgebäude in Wiesbaden am 26.3.33
(Stadtarchiv Wiesbaden, Digitales Multimediaarchiv, Nr. 002627, Urheber: Photo Strauch).

Fazit: Erinnertes und Vergessenes

Eine Differenzierung hat die lokale Auseinandersetzung mit der „Machtergreifung" auch bis heute nur in Ansätzen erfahren. Noch in dem 2023 erschienen Artikel der Lokalzeitung „Wiesbadener Kurier" aus Anlass des 90. Jahrestages nimmt die Berichterstattung über die Proteste sozialdemokratischer und kommunistischer Gruppen gegen die Ernennung Hitlers zum Reichskanzler am 30. Januar 1933 einen breiteren Raum ein, als die Beschreibung des „Huldigungsmarsches" für die neue Regierung mit 1.000 Teilnehmern am Folgetag.[34]

Jenseits der Interpretationskante Gewalt-Opfer-Widerstand blieb lange Zeit wenig Spielraum für Detailstudien und abweichende Analysen. Die wenigen Werke, die über Kropats mehrfach, zuletzt 1990, variierten Aufsatz hinaus das Thema „Machtergreifung in Wiesbaden" streifen, beschäftigen sich insbesondere mit 1933 als Beginn antifaschistischer Widerstandsbemühungen im lokalen Raum. Hinzu kam freilich ab Mitte der 1980er Jahre die Bedeutung der „Machtergreifung" als Ausgangspunkt der nationalsozialistischen Judenverfolgung.[35] Beide Themen hatten in der lokalen Wiesbadener NS-Forschung, die primär von Laien und einzelnen Akteuren mit professionellem Hintergrund bestimmt war, seit den späten 1980er- und 1990er Jahren Konjunktur.

Ohne an dieser Stelle auf die Spezifika der Wiesbadener Geschichtspolitik weiter eingehen zu können, die glücklicherweise jüngst durch die Jenaer Dissertation von Philipp Kratz[36] intensiv bearbeitet worden ist, lassen sich abschließend doch folgende Punkte festhalten.

Erstens, in Wiesbaden hat die Auseinandersetzung mit dem Nationalsozialismus in der Vergangenheit deutliche Schwerpunkte in der Geschichte der Opfer, insbesondere der jüdischen Opfer, und in der Auseinandersetzung mit dem deutschen Widerstand gegen das NS-System gefunden. Ursächlich hierfür waren zum einen die Abwesenheit einer akademisch fundierten lokalen Geschichtsforschung und zum anderen die Forschungs-

---

34 Vgl. Heinz-Jürgen Hauzel: Der Fackelzug in die Katastrophe. In: Wiesbadener Kurier, 28. Januar 2023, S. 17.

35 Vgl. exemplarisch die Darstellung bei Bembenek u. Ulrich: Widerstand und Verfolgung, S. 20 f. Der Band von Gehard Valentin: Wider das Vergessen. Bierstadt unterm Hakenkreuz 1933–1945. Der Versuch einer Dokumentation. Wiesbaden 2017, S. 14–34 gibt eine Chronologie der Ereignisse des Jahres 1933 im Wiesbadener Stadtteil Bierstadt, freilich ohne analytische Tiefenschärfe. Die kleine Schrift Nationalsozialistische Festkultur in Wiesbaden 1933. Ein Projekt der Leistungskurses Geschichte 12 des Gymnasiums am Mosbacher Berg 2010/11. Wiesbaden [2011] kommt auch ohne Differenzierung aus.

36 Vgl. Kratz: Eine Stadt und die Schuld.

schwerpunkte einzelner engagierter Personen im geschichtswissenschaftlichen Netzwerk in den beiden genannten Forschungsfeldern.

Zweitens, die Kontextualisierung der „Machtergreifung" als Ausgangspunkt für die systematische Judenverfolgung im „Dritten Reich" löste ab Ende der 1980er Jahre das vorherrschende Narrativ von den deutschen Opfern der „Machtergreifung" sowie der schweigenden Mehrheit ab, ohne diese jedoch vollständig zu verdrängen.

Drittens, eine tiefere Auseinandersetzung mit den lokalen Tätern und Täterstrukturen sowie dem weit verbreiteten Mitläufertum und dem Opportunismus großer Teile der städtischen Bevölkerung und bürgerlichen Institutionen fand hingegen weit weniger intensiv statt. Erst in jüngster Zeit wurden hierzu kritische Studien vorgelegt. Zu nennen ist etwa ein Aufsatz der Historikerin Stephanie Zibell zum ersten NSDAP-Oberbürgermeister Alfred Schulte[37] aus dem Jahr 2018[38] und die bereits erwähnte wegweisende Dissertation von Philipp Kratz zum Umgang mit der NS-Vergangenheit in Wiesbaden nach 1945.[39]

Hier ließen sich auch zahlreiche neue Forschungsfragen anschließen. Wenn Kropats These stimmt, und vieles spricht dafür, dass die lokale NS-Bewegung vor 1933 nicht durch lokale Eliten, sondern durch Kleinbürger und Teile der Arbeiterschaft getragen wurde, wie funktionierte dann der Übergangsprozess und die Versöhnung der alten Eliten mit den neuen NS-Machthabern lokal? Wie fanden die traditionell in Wiesbaden beheimateten Großbürger und die NS-Bewegung zueinander, welche Rolle spielte die lokale NSDAP und ihre Unterorganisationen im Verhältnis zur in Frankfurt sitzenden Gauleitung und der gleichgeschalteten Verwaltung des preußischen Regierungsbezirks Wiesbaden?

Forschungsfragen zur „Machtergreifung" in Wiesbaden sind also reichlich vorhanden. Vielleicht bietet die nun anstehende Erinnerungsdekade die Gelegenheit, diese neu anzugehen.

---

37 Vgl. zu Schulte den kurzen und inhaltlich unbefriedigenden Artikel von Rolf Faber: Artikel „Schulte, Alfred": In: Wiesbaden. Das Stadtlexikon, S. 811.

38 Vgl. Stephanie Zibell: Alfred Schulte – Erster Oberbürgermeister der Stadt Wiesbaden im Dritten Reich. In: Nassauische Annalen 29 (2018), S. 387–405.

39 Vgl. Kratz: Eine Stadt und die Schuld.

Oliver Mathias

Die „Gleichschaltung" der Preußischen Lehranstalt für Wein-, Obst- und Gartenbau in Geisenheim

Die Hochschule Geisenheim University konnte im Jahr 2022 das 150-jährige Jubiläum ihres Bestehens feiern. Seit der Gründung als preußische Lehranstalt im Jahr 1872 hat die Institution ein beachtliches Wachstum durchlaufen, welches vollkommen zurecht immer wieder als Erfolgsgeschichte bezeichnet worden ist. Insgesamt ist die dabei vollzogene Entwicklung von der „pomologischen Musteranstalt" und einer international vor allem im Bereich des Weinbaus bekannten Lehr- und Forschungseinrichtung gut dokumentiert und wiederholt beschrieben worden.[1]

Aber wie so oft ist die Zeit des Nationalsozialismus dabei bis heute ein noch weitestgehend unbearbeitetes Feld geblieben, was bedauerlicherweise auch für die Geisenheimer Stadtgeschichte im Allgemeinen[2] sowie der Rheingauer Historiografie als überregionale Regionalgeschichte gilt.[3] Bezogen auf die Geisenheimer Lehranstalt gibt es in der Jubiläumsschrift zu deren 100. Geburtstag zur Zeit des Nationalsozialismus bemerkenswerterweise sogar ein eigenes kurzes Kapitel, welches jedoch vornehmlich die organisatorischen Änderungen und die Neuorientierungen in Forschungsfragen beschreibt. Bezogen auf das Unrechtsregime der Nationalsozialisten und deren Verbrechen findet sich dort jedoch lediglich eine kurze und eher ausweichende Formulierung: „Trotzdem war, wie überall, in diesen Jahren nicht auszuschließen, dass die Partei auf allen Ebenen Einfluss zu nehmen versuchte. Schwere menschliche Schicksale blieben der einen, später der anderen Seite nicht erspart".[4]

Diese menschlichen Schicksale, welche im Zuge der nationalsozialistischen „Machtergreifung" sowie der folgenden gesellschaftlichen „Gleich-

---

1   Einführend: 125 Jahre Forschungsanstalt Geisenheim. Geisenheim 1997; Paul Claus: Geisenheim 1872–1972. 100 Jahre Forschung und Lehre für Wein-, Obst- und Gartenbau. Stuttgart 1972.
2   Einführend: Wolf-Heino Struck: Geschichte der Stadt Geisenheim. Frankfurt 1972.
3   Beispielhaft bisher erschienen: Sebastian Koch: Kloster Eberbach im Nationalsozialismus. Frankfurt am Main 2019; Walter Hell: Vom „Braunhemd" zum „Persilschein". Nationalsozialismus und Entnazifizierung im Rheingau. Erfurt 2005.
4   Paul Claus: Zur Geschichte. In: Festschrift Geisenheim 1872–1972, S. 31.

schaltung", erhebliches Leid und Unrecht erdulden mussten, stehen im Fokus dieses Beitrags. Die vorgestellten Lebens- und Leidenswege stehen dabei exemplarisch und sollen als Einladung zur tiefergehenden Aufarbeitung der Thematik verstanden werden. Der umfangreiche Personalaktenbestand sowie verschiedene Sach- und Forschungsakten aus der Zeit nach 1933 bieten hierfür eine spannende Ausgangsbasis.[5]

Geisenheim um 1933: „Gleichschaltung" der politischen Gremien

Die heutige Hochschulstadt Geisenheim im Rheingau hatte im Jahr 1933 etwa 4.500 Einwohnerinnen und Einwohner. Über Jahrhunderte geprägt durch Land- und Weinwirtschaft, hatten sie im Schatten der Rheingauer Freiheit einen anschaulichen Wohlstand sowie ein bemerkenswertes politisches Selbstbewusstsein erreicht. Seit der Mitte des 19. Jahrhunderts entwickelten sich im Zuge der Industrialisierung hier auch verschiedene überregional bekannte Industriebetriebe: Die Maschinenfabrik Johannisberg, die Kaolinwerke der Firma Erbslöh aber auch verschiedene Sektfabriken. In der Folge bekam die bis dato fast ausschließlich katholisch geprägte Einwohnerschaft zunehmend wachsende Anteile einer protestantisch und sozialdemokratisch geprägten Arbeiterschaft. Parteipolitisch waren Zentrum und SPD traditionell die stärksten Kräfte in Geisenheim. Dies blieb auch bei den Wahlen 1933 so. Es gelang der NSDAP hier nicht, stärkste Kraft zu werden. Bei der Wahl am 5. März 1933 gewann das Zentrum mit 36,2 Prozent, die SPD erhielt 29,6 Prozent und die NSDAP kam mit 22,6 Prozent lediglich auf Platz drei.[6] Das ist allein schon deswegen bemerkenswert, weil es auch in Geisenheim eine sehr agitationsfreudige und scheinbar auch recht gewaltbereite Ortsgruppe der Nationalsozialisten gab. Und dennoch – oder vielleicht gerade deswegen – gab es auch bei der Kommunalwahl im März 1933 keine Mehrheit der NSDAP.

Unabhängig davon vollzog sich die „Gleichschaltung" der politischen Gremien binnen kürzester Zeit. In der ersten Sitzung des neuen Parlaments sahen sich die gewählten Vertreter der SPD rund um Peter Spring genötigt zu erklären, dass sie ihr Mandat als Stadtverordnete zwar annehmen würden, sie der SPD als Partei jedoch nicht mehr angehören würden. Kurz

---

5   Vgl. Stadt- und Hochschularchiv Geisenheim (SHA Gshm), Bestand LA.
6   Struck: Geschichte, S. 251.

zuvor hatte sich die Ortsgruppe – scheinbar in Erwartung des kommenden Unheils – selbst aufgelöst. In gleicher Sitzung wurden zwei Anträge der Gruppierung „Deutsche Volksgemeinschaft" beschlossen, mit denen Adolf Hitler und Paul von Hindenburg zu Ehrenbürgern der Stadt ernannt und die bisherige Landstraße in Hindenburg- beziehungsweise Adolf-Hitler-Straße umbenannt wurde.[7]

Es folgten noch drei weitere Sitzungen und dann endet das Protokollbuch der Stadtverordnetenversammlung kommentarlos im August 1933. Nach wenigen Monaten hatte das Geisenheimer Parlament den Betrieb eingestellt.

Die Entwicklung an der Lehranstalt

Nach eher schwierigen Anfängen der Lehranstalt, die teils auch in persönlichen Befindlichkeiten und Machtkämpfen begründet lagen, begann ab den 1880er Jahren ein rasanter Aufstieg mit einem hohen Maß an persönlicher Kontinuität. Im Jahr 1925 wurde sie offiziell zur „Lehr- und Forschungsanstalt" erhoben. „Ihre Aufgabe besteht darin, den Weinbau, die Kellerwirtschaft, den Obstbau und den Gemüseanbau, die Obst- und Gemüseverwertung sowie den gesamten Gartenbau und die Gartenkunst in vollem Umfange, gestützt auf naturwissenschaftliche Grundsätze und praktische Erfahrungen, zu pflegen, zu lehren und fördern".[8] Eine letzte personelle Bestandsaufnahme vor der „Machtergreifung" liefert der Jahresbericht für das Jahr 1930: Damals besuchten 73 Hörer und Schüler, 46 Gasthörer und Praktikanten sowie 235 Kursisten die Anstalt – in Summe also 354 Lehrgangsteilnehmende. Dem gegenüber standen 133 feste Mitarbeiterinnen und Mitarbeiter und bis zu 130 nichtständige Arbeiterinnen und Arbeiter.[9]

---

7   SHA Gshm AG Nr. 241, Bd. 5, o. S.
8   Führer durch die staatliche Lehr- und Forschungsanstalt für Wein-, Obst- und Gartenbau zu Geisenheim a. Rhein. Wiesbaden 1930, S. 1.
9   Bericht der Lehr- und Forschungsanstalt für Wein-, Obst- und Gartenbau zu Geisenheim a. Rhein für das Rechnungsjahr 1930. Berlin 1931, S. 7 f.

Abb. 1:
Nationalsozialistische
Veranstaltung in Geisenheim,
undatiert (Foto: Stadt- und
Hochschularchiv Geisenheim).

Zum Zeitpunkt der nationalsozialistischen Machtübernahme war Professor Franz Muth Direktor der Geisenheimer Lehranstalt.[10] Geboren 1869 hatte Muth nach pharmazeutischem Staatsexamen mit anschließender Promotion verschiedene wissenschaftliche Stationen durchlaufen, bevor er 1921 die Leitung der Geisenheimer Lehranstalt übernahm. Seine wissenschaftlichen Schwerpunkte waren Fragen der Rebenzüchtung sowie Züchtungsversuche bei Obstgehölzen und Zierpflanzen. Darüber hinaus war er aktiv in verschiedenen wissenschaftlichen Arbeitsgemeinschaften, beispielsweise der Preußischen Rebenveredlungskommission oder des Reichsausschusses für Weinforschung.[11]

Als Leiter der staatlichen Lehranstalt befand sich Muth in einem Beamtenverhältnis. Dementsprechend pflichtgemäß setzte er als loyaler Staatsdiener die neuen Vorschriften in seinem Wirkungsbereich um, ohne sie jedoch mit eigenem politischen Ehrgeiz zu forcieren oder parteipolitisch zu agieren. So wurde beispielsweise der Erlass zur Einführung des Hitlergrußes vom 18. Juli 1933 kommentarlos umgesetzt und an der Anstalt in Kraft gesetzt. Für alle Beschäftigten wurde das „Erheben des rechten Arms" folglich zur Pflicht. Die freigestellten Grußbezeugungen „Heil" oder „Heil

---

10   SHA Gshm LA, Personalakte Muth, Nr. 1127.
11   Einführend: Paul Claus: Persönlichkeiten, denen Geisenheim Heimat war oder wurde. Eltville 1992 (= Beiträge zur Kultur und Geschichte der Stadt Geisenheim 2), S. 50.

Hitler" wurden von Direktor Muth jedoch nicht angeordnet. Im Frühjahr 1934 trat Muth altersbedingt in den Ruhestand.[12]

Sein Nachfolger wurde zum 1. April 1934 Dr. Carl Friedrich Rudloff.[13] Er war Jahrgang 1899, arbeitete vor allem im Obst und Gartenbau und war mit einer vererbungswissenschaftlichen Arbeit promoviert worden. Er hatte zuvor am Kaiser-Wilhelm-Institut für Züchtungsforschung als Leiter der Obstabteilung geforscht. Rudloff hatte das Ziel, Geisenheim zu einer bedeutsamen Forschungseinrichtung weiterzuentwickeln. Insbesondere in landwirtschaftlichen sowie lebens- und ernährungstechnischen Fragen stieß er mit diesen Bemühungen bei zahlreichen nationalsozialistischen Funktionären auf offene Ohren. Rudloff bewirkte mit seiner Forschungsförderung eine Reduzierung der Lehre und noch im Jahr 1934 erfolgte die offizielle Umbenennung in „Versuchs- und Forschungsanstalt". Gleichzeitig zog unter Rudloffs Führung auch der nationalsozialistische Geist verstärkt in das tägliche Arbeitsleben der Anstalt ein. So wurde beispielsweise mittels Verfügung vom 18. Juli 1934 angeordnet, dass ihm „ein listenmäßiger Bericht über die Bewährung jedes einzelnen der Gefolgschaft des Betriebes möglichst bald einzureichen" war.[14] Gleichzeitig wurden in allen Abteilungen „Zehnerschaften" eingeteilt, an deren Spitze jeweils ein „zuverlässiger" Mitarbeiter gestellt wurde. Verfügungen und Erlasse sollten dadurch schneller und sicherer kommuniziert und deren Umsetzung besser kontrolliert werden.

Weiterhin wurde Anfang September 1934 der Erlass umgesetzt, dass alle Abbildungen von Persönlichkeiten, die am sogenannten „Novembersturz von 1918" beteiligt gewesen waren, zu entfernen seien. Auch alle Hoheitszeichen des „Novembersystems" – insbesondere alle „schwarz-rot-gelben Flaggen" mussten entfernt werden. Bezogen auf den Hitlergruß machte Rudloff im Februar 1935 die bis dato freiwillige Grußformel „Heil Hitler" zur Pflicht, da seiner Auffassung nach alle Beschäftigen hierzu „freudig gewillt" sein müssten.[15]

Vor dem Hintergrund dieser Entwicklung und des eingangs erwähnten Zitats von den „menschlichen Schicksalen": Welche Spuren hat dieser neue Zeitgeist im Leben der Mitarbeiterinnen und Mitarbeiter hinterlassen? Teils gravierende Konsequenzen zeigt der Blick auf drei persönliche Schicksale, die hier beispielhaft kurz skizziert werden.

---

12 SHA Gshm LA Nr. 1138, o. S.
13 SHA Gshm, Personalakte Rudloff, Nr. 1128.
14 SHA Gshm LA Nr. 1138, o. S.
15 Vgl. Ebd.

Neuer Zeitgeist und persönliche Schickale

An erster Stelle steht dabei Arthur Glogau, eine damals durchaus bekannte Persönlichkeit aus dem Bereich der Gartenkunst. Er wurde 1874 geboren und kam nach erfolgreicher Gärtnerlehre und zahlreicher weiterer praktischer Stationen im Jahr 1913 nach Geisenheim. Dort war er fortan als Gartenbauoberlehrer und Abteilungsvorsteher für Gartenkunst und Gartentechnik tätig.[16] Sein Schicksal während der NS-Zeit ist vor allem deshalb interessant, weil er nicht per se in den Widerstand einzuordnen ist. Vielmehr wird an seinem Beispiel deutlich, dass es insbesondere im Jahr 1933 eine Vielzahl an Schattierungen zwischen Unterstützern, Sympathisanten, Skeptikern und Gegnern gab, welche sich im Laufe der Jahre auch vielfach verschoben beziehungsweise verstärkt haben. Er selbst hat es später in die treffende Formulierung gebracht: „Ich frage mich oft, ob es mit meinem Deutschtum zu vereinbaren ist, den Hitlerismus zu bekämpfen".[17]

Glogau agierte zunächst nicht offen gegen die neuen Machthaber und hielt sich scheinbar weitestgehend bedeckt. Doch unabhängig von seinem persönlichen Verhalten geriet er schnell ins Visier der Geisenheimer Nationalsozialisten und interessanterweise nahm seine Verfolgung ihren Anfang im Begleichen „alter Rechnungen". Zunächst ging es um eine vom Denunzianten als persönliche Benachteiligung empfundene Vermietung einer Wohnung an Glogau in der Geisenheimer Villa Monrepos. Anschließend rächte sich der Obst-Inspektor Sulger, der 1933 kurzzeitig die Geisenheimer Ortsgruppe der NDSAP geleitet hatte, wegen einer von ihm als ungerechtfertigt empfundenen Prüfungsbeurteilung bei seiner zweiten staatlichen Fachprüfung in der Abteilung Gartenkunst. Sulger schien davon persönlich schwer gekränkt und machte seinem Ärger in verschiedenen Eingaben gegen Glogau Luft. Hierzu gehörten an anderer Stelle auch die Vorwürfe des „Judenabkömmlings" sowie seine Mitgliedschaft bei den Freimaurern. Direktor Muth saß bei der Bearbeitung des Falles sichtlich zwischen den Stühlen, wenn er zunächst als Vorgesetzter die Leistungen

---

16   Einführend: CLAUS: Persönlichkeiten, S. 25.
17   Zitiert nach: Carolin PRAUSE: Zum Wirken des Gartenarchitekten und Hochschullehrers Arthur Glogau (1874–1960). Eine Spurensuche. Diplomarbeit. Leibniz Universität Hannover 2006, S. 35.

Glogaus grundsätzlich zu schätzen wusste, sich abschließend jedoch genötigt sah, Glogaus vorzeitige Pensionierung zu beantragen.[18]

Trauriger Höhepunkt des politisch motivierten Spießrutenlaufens blieb jedoch eine schriftliche Erklärung der Hörer- und Schülerschaft aus dem zweiten und vierten Semester vom 5. Oktober 1933, worin diese Glogau wegen seiner politischen Unzuverlässigkeit die Gefolgschaft verweigerten und nicht mehr an seinem Unterricht teilnehmen wollten. Das Pamphlet trug insgesamt 32 Unterschriften, und Glogau weigerte sich fortan, das Gelände der Anstalt zu betreten. Anschließend bat er um eine Beurlaubung auf unbestimmte Zeit und wurde folglich zum 1. März 1934 in den dauerhaften Ruhestand versetzt.[19]

Aus dem Dienst entfernt ohne Recht auf Einspruch

Ein anderes, besonders tragisches Beispiel für die nationalsozialistische Machtverschiebung an der Geisenheimer Lehranstalt war Karl Eisel, Jahrgang 1875. Anders als Glogau war er keine überregional bekannte Persönlichkeit. Gewöhnlich würde man sagen, er war ein einfacher Mann, aber fest verwurzelt in den Geisenheimer Strukturen: Eisel war engagierter Feuerwehrmann, seit 1921 Mitglied der SPD und als solcher auch engagierter Kommunalpolitiker in seiner Heimatstadt.[20] Beruflich verfügte er über eine solide Anstellung an der Geisenheimer Lehr- und Forschungsanstalt, wo er zuletzt als beamteter Obermaterialienverwalter tätig war. Auch seine Personalakte spiegelt den moralischen Umbruch des Jahres 1933 in besonders dramatischer Anschaulichkeit. So heißt es beispielsweise in einer Stellungnahme anlässlich der Durchführung des „Gesetzes zur Wiederherstellung des Berufsbeamtentums", zu der sich Direktor Muth „gezwungen" sah, seine „Erkundigungen bei der NSDAP, Ortsgruppe Geisenheim, haben ein für Eisel sehr ungünstiges Bild ergeben".[21]

Ähnlich wie im Falle Glogaus sah sich Direktor Muth auch hier wieder veranlasst, verschiedene Vorwürfe zu entkräften. So schreibt er beispielsweise: „Gegen den Ausdruck Faulenzer muss ich als Direktor der Anstalt entschieden Verwahrung einlegen, da ich mit gutem Gewissen behaupten

---

18 Vgl. Ebd., S. 37 f.
19 Vgl. Ebd., S. 39.
20 Im Stadt- und Hochschularchiv Geisenheim befindet sich ein kleiner Nachlass Eisels, der zum Zeitpunkt des Vortrages noch nicht verzeichnet und vollständig erschlossen war.
21 SHA Gshm LA, Personalakte Eisel, Nr. 1018, Bl. 30.

kann, dass ihm keine Tages- oder Nachtzeit ungelegen war, um erforderliche Arbeiten in oder für die Anstalt nachzukommen".[22] Und an anderer Stelle heißt es: „Ebenfalls dürfte der Ausdruck Betrüger ganz zu Unrecht erfolgt sein, da mir nie etwas derartiges zu Ohren gekommen ist und ich ihn stets für ehrlich gehalten habe und auch heute noch halte".[23] Doch auch hier half Eisel diese wohlwollende Stellungnahme nicht, denn Direktor Muth beugte sich dem Druck und empfahl die Verwendung an einem anderen Ort oder seine Versetzung in den Ruhestand. Vorsorglich wurden Eisels Amtsgeschäfte vorab schon auf den „besonders geeignet und zuverlässig erscheinenden diplomierten Gartenbauinspektor Biester" übertragen.[24] Ende August 1933 wurde Eisel dann aus dem Dienst entfernt und bereits im September wurde ihm mitgeteilt, dass es bei dem zugrundeliegenden Gesetz kein Recht auf Einspruch gäbe. Für drei Monate wurden noch die vollen Bezüge gezahlt, anschließend erhielt er nur noch deutlich gekürzte Ruhestandsbezüge.

Zahlreiche weitere Beschäftigte erlitten in den Jahren 1933 und 1934 ein ähnliches Schicksal. Sie wurden denunziert, schikaniert und letztendlich aus dem Dienst gedrängt sowie durch linientreue Nachfolger ersetzt. Ihre Leidenswege sind heute weitestgehend vergessen, wobei eine systematische Auswertung der vorliegenden Personalakten detailliertere Erkenntnisse liefern kann.

Im Fadenkreuz der politischen Verfolgung

Der bekannteste und dramatischste Fall war der von Peter Spring. 1892 in Geisenheim geboren, absolvierte er eine Ausbildung zum Gärtner, konnte aufgrund einer Kriegsverletzung im Ersten Weltkrieg diesen Beruf anschließend jedoch nicht mehr ausüben. Zur Umschulung erhielt er die Möglichkeit, an der Geisenheimer Lehranstalt zu studieren und bekam dort anschließend sogar eine Stelle als Obstbautechniker. Gleichzeitig war auch er politisch aktiv. „Nie wieder Krieg!" war dabei sein Leitspruch. In den Jahren der Weimarer Republik wurde er Vorsitzender des Geisenheimer Ortsvereins der SPD, des Reichsbanners Schwarz-Rot-Gold und der Eisernen Front. 1933 war er zudem als Stadtverordneter in der Geisenheimer Kom-

---

22 Vgl. Ebd., Bl. 31.
23 Vgl. Ebd., Bl. 32.
24 Vgl. Ebd.

munalpolitik engagiert und gleichzeitig in seiner Heimatstadt Vorsitzender des örtlichen Turnvereins.

Es überrascht nicht, dass Spring bei den Nationalsozialisten als Kopf der Opposition und des Widerstandes galt. Folglich geriet er bereits wenige Tage nach der „Machtergreifung" ins Fadenkreuz der politischen Verfolgung: Es gab Hausdurchsuchungen, persönliche Schikanen und binnen kürzester Zeit verlor er seine Anstellung an der Lehranstalt. Zunächst blieb er für einige Jahre arbeitslos, fand dann aber nach Kriegsbeginn eine Anstellung in einer landwirtschaftlichen Sammelstelle. Doch auch dort wurde er immer wieder durch die Nationalsozialisten verhaftet und verhört. Nach dem gescheiterten Attentat vom 20. Juli 1944 wurde er ins Konzentrationslager nach Dachau verschleppt. Zwei Wochen vor der Befreiung des Lagers bezahlte Peter Spring dort seine demokratische Überzeugung und seine menschliche Standhaftigkeit mit seinem Leben.[25]

Abb. 2:
Peter Spring, undatiert
(Foto: Stadt- und
Hochschularchiv Geisenheim).

Nach 1945: Zwischen Ignoranz, Rehabilitation und Würdigung

Im Frühjahr 1945 wurde Geisenheim von amerikanischen Truppen befreit. Die Stadt hatte den Bombenhagel und den Krieg weitestgehend unbeschadet überstanden.

Mit der alliierten Besatzung folgte die Aufarbeitung der nationalsozialistischen Verbrechen, und Direktor Carl Friedrich Rudloff wurde aus politischen Gründen aus seinem Amt entlassen. Doch scheinbar ohne jegliches Unrechtsbewusstsein kämpfe er nach 1945 energisch um Erhöhung seiner Versorgungsbezüge, Tantiemen aus angeblich persönlichen Forschungsergebnissen und gegen Forderungen aus unbezahlten Weinrechnungen. Dem umfangreichen Schriftverkehr der Personalakte lässt sich entnehmen, wie wenig Schuld Rudloff persönlich zu empfinden schien. Von Reue und schlechtem Gewissen keine Spur. Ganz im Gegenteil, er fühlte sich zu Unrecht schlecht behandelt und finanziell benachteiligt.[26]

Arthur Glogau hatte Geisenheim zunächst verlassen. Er kehrte nach 1945 jedoch wieder zurück, wurde rehabilitiert und wirkte erneut an der Geisen-

25   Einführend zu seiner Biografie: Festschrift SPD Geisenheim im Rheingau 1919–1994, o. S.
26   SHA Gshm LA, Personalakte Rudloff, Nr. 1128.

heimer Lehranstalt, die nunmehr in die Trägerschaft des Landes Hessen übergegangen war.

Karl Eisel kämpfte nach Kriegsende energisch um seine Rehabilitation und Nachzahlung seiner zu Unrecht gekürzten Bezüge, welche ihm auch im Jahr 1945 noch bewilligt wurden. Er starb 1947 im Alter von 72 Jahren, „nach langem mit großer Geduld ertragenden Leiden" wie es in der Todesanzeige hieß.[27]

Das Schicksal von Peter Spring blieb nicht zuletzt aufgrund der Bemühungen der Geisenheimer SPD den Menschen in Erinnerung. Schnell erhielt sein Opfer eine angemessene Würdigung, und so wurde ein Portrait von ihm im Sitzungssaal des Geisenheimer Rathaus aufgehängt. Später erhielt eine Straße seinen Namen und im Jahr 1986 initiierte die Geisenheimer Studentenschaft die Aufstellung eines Gedenksteins im Park der heutigen Hochschule. In einer Festschrift der Geisenheimer SPD hieß es anerkennend: „Sein Mut und seine Gradlinigkeit verdienen Bewunderung. Sie sind ein Beispiel für politische Mündigkeit und aktives Einstehen für die Demokratie".[28] Bewunderung verdienen auch die vielen anderen Kämpferinnen und Kämpfer für Demokratie und Freiheit, die während des Nationalsozialismus in Geisenheim zu Opfern und Verfolgten wurden, unabhängig davon, welchen Preis sie für Ihre Courage bezahlen mussten.

Abb 3:
Gedenkplatte für Peter Spring im Park der Hochschule, undatiert (Foto: Stadt- und Hochschularchiv Geisenheim).

---

27 SHA Gshm LA Nr. 1018, o. S.
28 Festschrift SPD, o. S.

Barbara Leissing

„Das rote Offenbach" – Gewalt und Widerstand von Februar bis Juni 1933

Offenbach hatte den Namen „das rote Offenbach". Das politische Rot der Arbeiterparteien dominierte und die Mehrzahl der Menschen wählte sie. 57 Prozent der Bevölkerung waren Arbeiterinnen und Arbeiter, Offenbach war die größte Industriestadt Hessens. Es handelte sich hierbei in der Hauptsache um Ledererzeugung und -verarbeitung sowie Metall-, Chemie- und Papierherstellung.

Die Wirtschaftskrise Ende der 1920er Jahre traf die Menschen hier besonders schwer. Die Arbeitslosenzahlen stiegen überproportional, sie waren zwei bis drei Mal so hoch wie der Durchschnitt, die Zahl der Wohlfahrtsempfängerinnen und -empfänger lag sogar um das Zehnfache über dem Durchschnitt.[1] Die Offenbacher Notküche teilte im Januar 1933 täglich 1.500 Mahlzeiten an Bedürftige aus.[2]

Seit dem Ende des 19. Jahrhunderts waren die sozialen und kulturellen Strukturen der Stadt durch den hohen Anteil der Arbeiterinnen und Arbeiter geprägt, hierauf ging beispielsweise auch die Gründung zahlreicher Kultur- und Sportvereine zurück. Eine bedeutende Rolle kam dem 1896 in Chemnitz gegründeten und 1907 nach Offenbach verlegten Arbeiter-Radfahrerbund „Solidarität" zu. 1912 hatte der Bund die Fahrradfabrik „Frischauf" gegründet, die genossenschaftlich organisiert war und der Arbeiterschaft den Erwerb günstiger Fahrräder ermöglichte.[3]

Traditionell wurden die mindestens vier kommunistischen und sozialdemokratischen Parteien von Arbeiterinnen und Arbeitern sowie Arbeitslosen gewählt, wobei die Branche, in der sie arbeiteten, oft die Parteiwahl bestimmte. Zudem waren in Offenbach zwei kleinere linke Gruppierungen aktiv: zum einen die anarchosyndikalistische „Freie Arbeiter-Union

---

1   Adolf MIRKES u. Karl SCHILD: Zeugnisse. Offenbach 1933–1945. Verfolgung und Widerstand in Stadt und Landkreis Offenbach. Köln 1988, S. 9.
2   Hans-Georg RUPPEL u. Otto SCHLANDER: Offenbacher Regesten. Fakten, Daten, Texte, Bilder und Geschichten von Offenbach a. M. T. 2: 1901–1989. Offenbach a. M. 1990 (= Offenbacher Geschichtsblätter 37), S. 64.
3   Irmgard BAUMANN: Das Fahrrad-Haus Frischauf in Offenbach am Main und meine Familie. Zeitgeschichte aus Sicht der kleinen Leute. Offenbach a. M. 2016 (= Rote Reihe 9), S. 29–32.

Deutschland" (FAUD) und zum anderen der „Internationale Sozialistische Kampfbund" (ISK). Die Linke allerdings war zersplittert und zerstritten, was sich in heftigen öffentlichen Auseinandersetzungen und Rededuellen aber auch Parteiaus- und -übertritten zeigte. Versammlungen, Diskussionen und Kundgebungen fanden in der Regel öffentlich und auf der Straße statt. Noch zum Ende der Weimarer Zeit konnten in der Stadt Offenbach die Sozialdemokratinnen und Sozialdemokraten sowie die Kommunistinnen und Kommunisten die Mehrheit auf sich vereinigen, während im Kreis Offenbach ein hoher Anteil an Katholikinnen und Katholiken der Zentrumspartei einen festen Wählerstamm sicherte, die NSDAP hingegen erzielte vorerst keinen großen Zuspruch.[4]

Der 30. Januar 1933 und die Wochen danach

Direkt nach der Ernennung Hitlers zum Reichskanzler am 30. Januar 1933 organisierten die Nationalsozialisten den ersten Fackelzug, der mit etwa 150 Teilnehmenden durch die Stadt marschierte.[5] Auf dem Wilhelmsplatz fand eine Kundgebung von KPD, SPD und SAP mit rund 2.000 Personen statt. Es wurde zur Einheitsfront gegen die NS-Bewegung aufgerufen. Trotz der Appelle, Ruhe zu bewahren, kam es schon am Abend zu gewaltvollen Auseinandersetzungen zwischen den Nationalsozialisten und der Eisernen Front. Auf beiden Seiten wurde der Vorwurf erhoben, die Polizei würde für die jeweils andere Seite Partei ergreifen. Die Auseinandersetzungen setzten sich fort, sodass am 1. Februar etwa 3.000 Personen durch die Stadt zogen. Die Parole lautete: „Das rote Offenbach bleibt rot! Einmütiger Protest der Offenbacher Arbeiter gegen das Hitler-Kabinett! Der Streit ist begraben".[6] Auf der großen anschließenden Kundgebung auf dem Wilhelmsplatz wurde von Rednern der SAP, KPD und SPD die Einigkeit gegen Hitler beschworen. Der von der KPD ausgerufene Massenstreik wurde allerdings abgelehnt.

---

4   Mirkes u. Schild: Zeugnisse, S. 12–15.
5   Zum Tag der „Machtergreifung" vgl. die Darstellung auf der Website des Haus der Stadtgeschichte Offenbach a. M.: Offenbach in der NS-Zeit, https://www.offenbach.de/microsite/haus_der_stadtgeschichte/stadtgeschichte/20-und-21-jahrhundert/ns-zeit/index.php (abgerufen 13.10.2023).
6   Rolf Kirchner u. Harry Schweitzer: Die Flamme verzehre das Gift. Offenbach 1932/33 im Spiegel der Tageszeitungen. Offenbach a. M. 1983, S. 91.

Die NSDAP führte kurz darauf einen Fackelzug mit 1.000 Teilnehmenden durch, bei dem es wieder zu schweren Auseinandersetzungen kam. Die Männer des Reichsbanners Schwarz-Rot-Gold hatten sich auf einen bewaffneten Kampf vorbereitet, der allerdings unterblieb. Nachdem die Führung des Wehrverbands keine Direktive erteilt hatte, kamen die im Gewerkschaftshaus bereitgestellten Gewehre nicht zum Einsatz. Von dieser Enttäuschung haben sie noch viele Jahre später berichtet. Nicht wenige Menschen glaubten fatalerweise daran, dass die Nationalsozialisten sich nur wenige Wochen halten würden.[7]

Am 3. Februar 1933 verbot das Hessische Polizeiamt alle Versammlungen und Demonstrationen unter freiem Himmel. Schon in der Woche darauf wurde klar, dass die anti-nationalsozialistische Einheitsfront nicht zustande kommen würde. Ab diesem Zeitpunkt agierten die diversen Gruppen und Parteien auf verschiedene Weise weiter, um ihren Protest auszudrücken. Es gab weiterhin Kundgebungen, an denen sich allerdings nicht alle Parteien beteiligten.

Nach dem Reichstagsbrand am 27. Februar 1933 und Hindenburgs „Verordnung zum Schutz von Volk und Staat" begannen auch in Offenbach die

Abb. 1:
Kundgebung auf dem Wilhelmsplatz, 1938 (Stadtarchiv Offenbach a. M.).

---

7   Alfred Kurt: Stadt und Kreis Offenbach in der Geschichte. Offenbach a. M. 1998, S. 216–218.

Verhaftungen von Mitgliedern der KPD, SPD, der Gewerkschaften, des Reichsbanners und der Eisernen Front. Schon am 1. März durchsuchte die Polizei sämtliche Wohnungen von KPD- und SPD-Funktionären. Bei den Reichstagswahlen am 5. März erhielt die NSDAP schließlich mit 32 Prozent in Offenbach die meisten Stimmen, gefolgt von SPD, KPD und dem Zentrum.[8] Die Gewalt an diesem Tag gipfelte in dem Tod des 24-jährigen Reichsbannermannes Christian Pleß (1908–1933), der sich am Nachmittag mit etwa 30 weiteren Mitgliedern der Eisernen Front auf den Weg zum Wahllokal in der damaligen Pestalozzi-Schule (heute Kaiserstraße) machte. In der Nähe der Schule trafen sie auf eine Gruppe SA-Männer. Im Zuge des Kampfes, der durch herbeigeeilte Männer beider Seiten in einem großen Tumult endete, erschoss einer der SA-Männer Pleß von einem fahrenden Lastwagen aus. Bei der Bevölkerung in den Arbeitervierteln löste dieser – zunächst ungeahndete – Mord einen Schock aus. Die Beisetzung von Pleß war die letzte große Protestkundgebung mit Tausenden von Menschen auf dem Friedhof.[9]

Polizei und Gestapo

Am 7. März 1933 erhielten in Hessen SA- und SS-Männer ihre Verpflichtung als Hilfspolizisten (HiPo). Am Polizeipräsidium in Offenbach wehte nun, wie an vielen anderen öffentlichen Gebäuden auch, die Hakenkreuzfahne. Sehr schnell begann jetzt die „Säuberung" der Verwaltung, der Schulen und der Polizei, die viele Entlassungen zur Folge hatte. Bereits am 11. März kam es zum ersten Boykott jüdischer Geschäfte, wie den Kaufhäusern Tietz und Woolworth. Ein weiterer Boykott folgte am 1. April, zu dem auch Plünderungen durch Teile der Bevölkerung gehörten.[10] Aktiven Widerstand zu leisten wurde immer schwieriger, zumal die Verhaftungen, wie etwa die „Schutzhaft", sich häuften. Widerstand zeigte sich weiterhin in der Verteilung verbotener Flugblätter und Zeitungen, bei konspirativen Treffen in Wohnungen oder bei Wanderungen.

---

8   Kirchner u. Schweitzer: Die Flamme, S. 114.
9   Jürgen W. Fritz: Die beginnende Nazidiktatur und der Mord an Christian Pleß in Offenbach am Main. Offenbach a. M. 1984, S. 14–17.
10   Klaus Werner: Zur Geschichte der Juden in Offenbach am Main. Unter der Herrschaft des Nationalsozialismus. Bd. 1. Offenbach a. M. 1988, S. 81.

Abb. 2:
In den Kellern des
Polizeipräsidiums führte die
Gestapo brutale Verhöre
durch (Stadtarchiv Offenbach
a. M.).

Die Geheime Staatspolizei (Gestapo) hatte einen Gebäudeteil des Polizeipräsidiums übernommen. Hierhin wurden in der Folgezeit zahlreiche oppositionelle Frauen und Männer gebracht. Unter ihnen waren auch Jüdinnen und Juden. Von März bis Juni 1933 verhafteten die Nationalsozialisten 442 Personen.[11] Nach brutalen und oft wochenlangen Verhören in den Kellern des Polizeipräsidiums wurden zahlreiche Häftlinge in dem als sogenanntes „Schutzhaftlager" errichteten Konzentrationslager Osthofen bei Worms inhaftiert. Mindestens 90 Offenbacher aus den verschiedenen Arbeiterparteien und Gewerkschaften wurden hier teils mehrere Monate eingesperrt.

Sogar im Konzentrationslager ging der Streit zwischen den Vertretern der verschiedenen linken Parteien weiter. Das KZ Osthofen bestand von März 1933 bis Juli 1934.

„Gleichschaltung" der Stadtpolitik, Hetze gegen Juden

Eine Woche nach der Verabschiedung des Ermächtigungsgesetzes am 23. März 1933 wurde auch in Offenbach die Stadtverwaltung gleichgeschaltet. Zu den ersten Entlassenen im Rathaus zählte Oberbürgermeister Dr. Max Granzin (1873–1940), ein aus Berlin stammender Jurist und SPD-Mit-

---

11 FRITZ: Nazidiktatur, S. 20.

glied, der seit 1919 als erster Nachkriegs-Oberbürgermeister die Entwicklung der Stadt geprägt hatte. Auch die Bürgermeister Rech und Aull (geb. 1880), der sich 1938 das Leben nahm, sowie Stadtdirektor Tzschech wurden gezwungen, ihre Posten zugunsten von NSDAP-Leuten zu räumen. Die NSDAP übernahm die Macht in Offenbach.[12]

Immer mehr Hakenkreuzfahnen wehten in der Stadt, auch an vielen Wohnhäusern und Geschäften. Die Zahl derer, die sich von den Nationalsozialisten eine Rettung aus ihre Notlage erhofften, nahm zu. Auch ein großer Teil der Kirchen schlug sich nun auf die Seite der neuen Machthaber und unterwarf sich ihrer Propaganda. Doch einige Männer und Frauen aus der KPD und der SPD sowie aus den Kirchen engagierten sich weiterhin im aktiven Widerstand. Hauptsächlich brachten sie Zeitungen und Flugblätter in Umlauf und hielten, so es möglich war, Kontakte zu Verhafteten, deren Angehörige unterstützt wurden, wie etwa durch die der KPD nahestehende Hilfsorganisation „Rote Hilfe".

Nach dem Boykott jüdischer Geschäfte am 1. April 1933 begann die systematische Entfernung von Jüdinnen und Juden aus dem öffentlichen Leben und vielen Berufen. Aus Offenbach geflohene jüdische Menschen berichteten später in Briefen, dass es bis dahin ein zumeist friedliches Zusammenleben von jüdischen und nichtjüdischen Bürgerinnen und Bürgern in Offenbach gab. In ihren Erinnerungen schrieben sie, dass der Antisemitismus in der Stadt Offenbach eine geringere Rolle gespielt habe als in anderen Städten oder auf dem Land. Doch das änderte sich jetzt.[13]

Die öffentlichen Schikanen auch prominenter Offenbacher Juden häuften sich, auch in den von den Nationalsozialisten kontrollierten Zeitungen wurde gehetzt. Nur wenige Offenbacherinnen und Offenbacher protestierten dagegen.

Propagandistisches Großereignis am 1. Mai 1933

Den 1. Mai erklärten die Nationalsozialisten als „Tag der nationalen Arbeit" zum gesetzlichen Feiertag. Zu den Feierlichkeiten rief neben vielen Organisationen und Vereinen auch der Allgemeine Deutsche Gewerkschafts-

---

12 Kirchner u. Schweitzer: Die Flamme, S. 141.
13 Gabriele Hauschke-Wicklaus: Jüdische Bürgerinnen und Bürger erinnern sich. Offenbach 2017.

bund (ADGB) auf. Viele andere Gewerkschaften trugen das allerdings nicht mit.

Am 1. Mai wurden auch zwei prominente Offenbacher Arbeiterführer aus dem KZ Osthofen entlassen. Als sie in ihrer Stadt ankamen, waren sie schockiert darüber, was sie sahen: Überall Hakenkreuzfahnen, auch in den traditionellen Arbeitervierteln. „Offenbach versinkt in einem Meer aus Fahnen", berichteten die „Offenbacher Nachrichten" am nächsten Tag.[14]

Georg Kaul (geb. 1873), Chefredakteur des sozialdemokratischen „Offenbacher Abendblatts" und Vorsitzender der hessischen SPD-Landtagsfraktion geriet am Vorabend der Maifeierlichkeiten mit ehemals aktiven Gewerkschaftern in Streit über deren Anpassung an die neuen Verhältnisse. Verzweifelt über die eigene Machtlosigkeit nahm sich Kaul in der Nacht zum 2. Mai durch die Einnahme von Gift das Leben. In einem Abschiedsbrief schrieb er, dass er sich vor so viel „Gesinnungslumperei" schäme und versuchen werde, zu gehen.[15]

An die Stelle der freien Gewerkschaften trat die sogenannte „Nationalsozialistische Betriebszellenorganisation" (NSBO), die gemeinsam mit SA und SS am 2. Mai 1933 die Offenbacher Gewerkschaftshäuser besetzte. Alle früheren Gewerkschaftsfunktionäre kamen in „Schutzhaft". In das Haus des Allgemeinen Deutschen Gewerkschaftsbundes zog indes die Deutsche Arbeitsfront ein. Der sehr beliebte Saalbau im Hinterhaus wurde später abgerissen. Am 10. Mai folgte die Beschlagnahmung des Parteivermögens der SPD sowie deren Zeitungsorgans, des „Offenbacher Abendblatts", des Vermögens der Arbeiterwohlfahrt und des Reichsbanners.

Bücherverbrennung auf dem Schlossplatz

Am 22. Mai 1933 nahmen über 4.500 Offenbacherinnen und Offenbacher an einer Richard-Wagner-Feier mit „feierlicher Bücherverbrennung und Schloßbeleuchtung" teil. Organisator und Hauptredner war der Pfarrer Josef Maria Weeber, Leiter des „Kampfbundes für deutsche Kultur" (KfdK). Die NS-Studentenschaft und die Leitung der Technischen Lehranstalten, der heutigen Hochschule für Gestaltung, sowie Offenbacher Unternehmen und die Stadtverwaltung unterstützten die Veranstaltung. Als Ort des

14 Offenbacher Nachrichten (ON), 2. Mai 1933.
15 Wolfgang Reuter: Zwölf Offenbacher Sozialdemokraten 1870 bis 1970. Offenbach 2004, S. 61.

Geschehens wurde eigens der Schlossplatz von Studenten mit Tribünen und Aufbauten versehen und das Isenburger Schloss mit Hakenkreuzfahnen geschmückt. Zentraler Programmpunkt war die Verbrennung verbotener Literatur, wie sie bereits am 10. Mai in vielen deutschen Universitätsstädten stattgefunden hatte.[16] Diesem Offenbacher Großereignis folgte am 23. Mai die Ernennung Hitlers und von Hindenburgs zu Ehrenbürgern der Stadt.[17]

Abb. 3:
Werbung für die Richard-Wagner-Feier, 1933
(Stadtarchiv Offenbach a. M.).

---

16 Wegweiser durch Offenbach 1933–45. Hg. durch die Arbeitsgruppe antifaschistischer Wegweiser Offenbach. Offenbach a. M. 1993, S. 22 f. Vgl. auch Julius H. SCHOEPS u. Werner TRESS (Hgg.): Orte der Bücherverbrennungen in Deutschland 1933. Hildesheim 2008, S. 697–710. Vgl. auch Jan SCHENCK: Verbrannte Orte. In: Hochschule für Gestaltung Offenbach a. M., https://www.hfg-offenbach.de/de/calendar/jan-schenck-verbrannte-orte#veranstaltung (abgerufen 13.10.2023).

17 RUPPEL u. SCHLANDER: Offenbacher Regesten, S. 67 f.

FRANK JACOB

Die „Machtergreifung" in Aschaffenburg: Versuch einer Deutung

Der Begriff „Machtergreifung" ist komplex, beschreibt er doch im Jargon der Nationalsozialisten deren zunächst, im Gegensatz zur eigentlichen Bezeichnung, legale und politisch legitimierte Übernahme von Macht im politischen Raum im Januar 1933.[1] Deshalb wird auch von „Machtübernahme", einer „Machtübergabe" oder sogar einer „Machteroberung" gesprochen, wenn sich in der Fachliteratur auf diesen Prozess bezogen wird.[2] Tatsächlich handelt es sich um einen vielschichtigen, wenn auch relativ schnellen Transformationsprozess, in dem das Ende der Weimarer Republik durch die Etablierung des nationalsozialistischen Regimes markiert wird.[3] Innerhalb weniger Monate wurde die nun verfügbare Macht genutzt, um öffentliche Räume zu über- bzw. einzunehmen, politische Gegner zu ergreifen und auszuschalten sowie jeden Winkel des gesellschaftlichen Lebens im nationalsozialistischen Sinne zu vereinnahmen und ideologisch zu durchdringen.

Wie sich dieser Prozess gestaltete, hing im jeweiligen lokalen Kontext von unterschiedlichen Faktoren ab, weshalb ein dezidierter Blick auf verschiedene Einzelfälle zeigen kann, dass es *die* „Machtergreifung" als solche nicht gegeben hat, sondern je nach geographischer Lage und politischen Vorbedingungen ganz unterschiedliche Prozesse abliefen, die in ihrer Gesamtheit aber die Übernahme der Macht in Deutschland durch die Nationalsozialisten kennzeichnen. Im Folgenden soll dieser Prozess für Aschaffenburg kurz und bündig nachgezeichnet werden. Dabei werden die verschiedenen Strategien der NS-Organisationen und -Repräsentanten vor Ort eingehend beleuchtet, um nachzuvollziehen, wie sich die „Machtergreifung" in Aschaffenburg, einer mittelgroßen Stadt am nordwestlichen Rand von Bayern, vollzog.

---

1 Vgl. dazu etwa Norbert FREI: „Machtergreifung". Anmerkungen zu einem historischen Begriff. In: Vierteljahrshefte für Zeitgeschichte 31 (1983) H. 1, S. 136–145.
2 Andreas WIRSCHING (Hg.): Das Jahr 1933. Die nationalsozialistische Machteroberung und die deutsche Gesellschaft. Göttingen 2009 (= Dachauer Symposien zur Zeitgeschichte 9).
3 Dazu etwa Martin BROSZAT: Die Machtergreifung. Der Aufstieg der NSDAP und die Zerstörung der Weimarer Republik. München 1984.

Politischer Schwebezustand

Bereits Ende Januar 1933 begannen die Nationalsozialisten in Aschaffenburg damit, die von Reichskanzler Adolf Hitler geforderte „Einheit von Partei und Staat" herzustellen. Direkt nach der „Machtergreifung" war es folglich das Ziel der NS-Bewegung, „die Instrumente des demokratischen Systems [...] zu zerschlagen".[4] In der Stadt stellte die „Machtergreifung" damit, ähnlich wie in vielen anderen deutschen Städten und Gemeinden, eine historische Zäsur dar. Die Nachricht über Hitlers Ernennung zum Reichskanzler hatte die örtliche NSDAP, die bisher kaum mehr als eine Splittergruppe ohne starken gesellschaftlichen Rückhalt war, in Aufregung versetzt: „Die Gefühle und Gedanken der alten Mitstreiter in jener Stunde zu beschreiben, ist nicht möglich. Klarheit herrschte nur darüber, daß von diesem Tage an die nationalsozialistische Revolution ihren Ausgang nehmen wird".[5]

Sicherlich begrüßten etliche Bewohnerinnen und Bewohner der Stadt den Erfolg der Nationalsozialisten und bewerteten ihn positiv,[6] allerdings war Aschaffenburg vor 1933 sowie bei den Wahlen im März desselben Jahres keine NS-Hochburg gewesen.[7] Selbst Hitler hatte sich früher geweigert, die Stadt für einen Vortrag zu besuchen, um den er von der örtlichen Parteileitung gebeten worden war. Ungeachtet der organisatorischen Schwäche der NSDAP in der Stadt arrangierten sich die meisten Menschen mit den neuen Gegebenheiten, denn „[d]er überaus größte Teil der deutschen Bevölkerung [passte sich schließlich] [...] den neuen braunen Verhältnissen an, sei es aus Furcht oder Bequemlichkeit, aus Passivität oder Karrieredenken, aus Übereinstimmung mit den Zielen des Nationalsozialismus oder auch aus einer empfundenen Loyalität gegenüber dem ‚Führer'".[8]

---

4   Carsten POLLNICK: Die NSDAP und ihre Organisationen in Aschaffenburg 1933–1939. Aschaffenburg 1988, S. 3.
5   Aschaffenburger Zeitung (AZ), Nr. 136, 14. Juni 1938, zitiert nach: Ebd., S. 5.
6   „Jubiläumsbuch" der Aschaffenburger Bäcker-Innung 1930, derselben zum 40-jährigen Bestehen gewidmet, S. 23. Diese Quelle erschien auch als Teil einer kritischen Edition: Klaus HENCH, Georg HENCH u. Frank JACOB (Hgg.): Backen unterm Hakenkreuz. Die Aschaffenburger Bäcker-Innung und der Nationalsozialismus. Eine Quellenedition. Aschaffenburg 2020.
7   AZ, 5. März 1933. Mit der Frage nach der politischen Extremität innerhalb der Stadtgeschichte befasst sich ausführlich Frank JACOB: Aschaffenburg im „Zeitalter der Extreme". In: Mitteilungen aus dem Stadt und Stiftsarchiv Aschaffenburg 14 (2021), S. 69–89.
8   Monika SCHMITTNER: Verfolgung und Widerstand 1933 bis 1945 am bayerischen Untermain. 3. Auflage Aschaffenburg 2002, S. 18.

Trotz dieser Entscheidungen blieb Dr. Wilhelm Matt bis zum 23. März 1933 Oberbürgermeister der Stadt; allerdings war der bürgerlich-konservativ geprägte Matt schlussendlich, so Monika Schmittner, „dem Psychoterror der Nationalsozialisten nicht gewachsen".[9] Offiziell trat er aufgrund gesundheitlicher Probleme von seinem Amt zurück; mit Wilhelm Wohlgemuth übernahm nun „[d]er führende Aschaffenburger Nationalsozialist"[10] die politische Leitung der Stadt. Sein Stellvertreter wurde der NS-Stadtrat Ludwig Schauer. Alles in allem waren damit „[a]lle bedeutsamen Ämter in Partei und Administration [...] in Personalunion in den Händen von Wilhelm Wohlgemuth"[11] vereint worden. Im April 1933 folgte die Umbildung des Stadtrates, und im Juni wurde die SPD verboten, die bis dahin zusammen noch mit der Bayerischen Volkspartei (BVP) die Mehrheit der Mandate gehalten hatte. Der Erweiterung der nationalsozialistischen Macht schienen allerdings die demokratischen Kräfte machtlos gegenüberzustehen. Das „Vorläufige Gesetz zur Gleichschaltung der Länder mit dem Reich" vom 31. März und das „Zweite Gesetz zur Gleichschaltung der Länder mit dem Reich" eine Woche später sorgten dafür, dass die Ergebnisse der Reichstagswahl vom 5. März auf Länderebene übertragen wurden.[12] Die Ausübung der politischen Herrschaft durch die Nationalsozialisten ging von Anfang an mit der sukzessiven Ausschaltung politisch Andersdenkender und der Gewalt gegen vermeintliche und tatsächliche Regimegegner einher.

Die Ausschaltung politischer Gegner

Eigentlich hatte Wilhelm Wohlgemuth in seiner Rolle als neuer Oberbürgermeister am 1. Mai 1934 erklärt, dass der Nationalsozialismus danach strebe, die Gegensätze zwischen der „Bewegung" und der Arbeiterschaft zu überwinden. Anlässlich der Feierlichkeiten zum 1. Mai desselben Jahres betonte er, dass „[a]us dem Tage, an dem in früheren Jahren die Banner des Klassenhasses durch die Straßen unserer Städte geschleppt wurden, [...] Adolf Hitlers Wille ein Fest zu Ehren der deutschen Arbeit, ein Fest der Ver-

---

9   Vgl. Ebd., S. 53.
10 Vgl. Ebd., S. 54.
11 Vgl. Ebd.
12 Vorläufiges Gesetz zur Gleichschaltung der Länder mit dem Reich. In: Reichsgesetzblatt (1933) I, S. 153 f. Zu den Gesetzestexten und deren Genese vgl. auch: Verwaltungsreform als Sparmaßnahme. Gleichschaltung der Länder. – Vorläufiges und Zweites Gesetz zur Gleichschaltung (nur Entwürfe), März-Mai 1933, Bundesarchiv Berlin (BArch), R 2/20165a.

bundenheit zwischen Stadt und Land, ein Fest der schaffenden deutschen Menschen aller Stände [hat] werden lassen".[13] Das Ziel der nationalsozialistischen Bewegung, so Wohlgemuth weiter, sei es, dass „sich in der Zukunft alle wieder zusammenfinden [sollen] zu gemeinsamer Arbeit, getragen von der gegenseitigen Achtung und dem gemeinsamen Bewußtsein, Angehörige einer Volksgemeinschaft zu sein".[14] Tatsächlich hatte das NS-Regime das Jahr 1933 auch auf lokaler Ebene bereits dazu genutzt, sich möglicher politischer Gegner zu entledigen.[15]

KPD und SPD hatten bereits am 1. Februar 1933 zu einer Großdemonstration gegen die nationalsozialistische Herrschaft aufgerufen, allerdings wurde die Herstallstraße von der Polizei vorsorglich abgesperrt und damit der Protest der die Arbeiterschaft vertretenden Parteien kurzerhand unterbunden. Am Folgetag berichtete die „Aschaffenburger Zeitung", die seit einiger Zeit mit dem Nationalsozialismus sympathisierte, wie folgt: „Durch die vorbeugende Arbeit der Polizei wurde die geplante Demonstration im Keime erstickt".[16] Vertreter und Verleger der unabhängigen Presse wurden ebenfalls eingeschüchtert. Der Sozialdemokrat und Redakteur der „Volkszeitung", Georg Dewald, der von den Nationalsozialisten als „Halbjude" eingestuft worden war, wurde im Juli 1933 ins KZ Dachau gebracht. Vorgeworfen wurde ihm unter anderem, Teil einer jüdischen Verschwörung gegen das deutsche Volk zu sein: „Klar gezeichnet steht das Bild des Georg Dewald vor uns. Es sind seine jüdischen Instinkte, die ihn dazu treiben, den Sozialismus zu verfälschen und umzuformen, es ist jüdische Tücke, die den Klassenkampf heraufbeschwor, es ist der jüdische Geist, der ihn zwang, die Zersetzungschancen und die schwachen Momente des deutschen Wirtsvolkes auszunützen und die Autorität des christlichen Staates zu untergraben".[17] Auch der Verleger des katholisch-orientierten „Beobachters am

---

13 Wilhelm WOHLGEMUTH: Ein junger Mai, ein neues Ziel! In: Sonderausgabe der Aschaffenburger Zeitung, 1. Mai 1934, S. 6, Stadt- und Stiftsarchiv Aschaffenburg (SSAA), Zeitgeschichtliche Sammlung (ZGS), NL 226.

14 Vgl. Ebd. Zum viel diskutierten Begriff der „Volksgemeinschaft" vgl. Ian KERSHAW: „Volksgemeinschaft". Potenzial und Grenzen eines neuen Forschungskonzepts. In: Vierteljahreshefte für Zeitgeschichte 59 (2011) H. 1, S. 1–17.

15 Vgl. dazu für die bayerische Landesebene insbesondere: Martin BROSZAT u. Hartmut MEHRINGER (Hgg.): Bayern in der NS-Zeit. Die Parteien KPD, SPD, BVP in Verfolgung und Widerstand. Bd. 5. München 1983, S. 1–286.

16 AZ, Nr. 27, 2. Februar 1933, zitiert nach: POLLNICK: Die NSDAP, S. 5.

17 Aschaffenburger Nachrichten (AN), 2. März 1933, zitiert nach: POLLNICK: Die NSDAP, S. 8. Ein „judeobolschewistisches" Verschwörungsnarrativ griff bereits seit der Russischen Revolution 1917 um sich, wurde von den Nationalsozialisten jedoch bewusst und zielgerichtet instrumentalisiert. Siehe hierzu ausführlich: Frank JACOB: Der Kampf um das Erbe der Revolution: Die Darstellung Kurt Eisners in den Printmedien der Weimarer Republik. In: Jahrbuch für Antisemitismusforschung 29 (2020), S. 325–346; Frank JACOB: The Semiotic

Main", Johannes Kirsch, wurde immer wieder Opfer einer gezielten nationalsozialistischen Zermürbungstaktik.

So einfach ließ sich der öffentliche Protest jedoch nicht unterdrücken und zumindest in der ersten Phase nach der „Machtergreifung" (Januar–März 1933) formierte sich zunächst noch ein gewisser Widerstand. Das Reichsbanner Schwarz-Rot-Gold und die Eiserne Front mobilisierten am 19. Februar 1933 in Aschaffenburg ca. 2.000 ihrer Mitglieder, die sich auf einer Großdemonstration auf der Großmutterwiese einfanden. Dort schlossen sich ihnen etwa weitere 1.500 Menschen an. Nach dem anschließenden Protestmarsch durch die Stadt drangen einige Männer der Eisernen Front in die NSDAP-Parteiräume ein und stimmten sozialistische Kampflieder der internationalen Arbeiterbewegung an.[18] Derlei organisierte Proteste wurden jedoch bald unterbunden, denn im Zuge der Untersuchung der Vorfälle rund um den Reichstagsbrand in Berlin war die Notverordnung „Zum Schutze von Volk und Staat" erlassen worden, die es dem NS-Regime erlaubte, wesentlich härter und einfacher gegen mögliche politische Gegner vorzugehen. Besonders Kommunistinnen und Kommunisten wurden nun gezielt verfolgt, auch in Aschaffenburg: Dort wurden am 2. und 3. März Hausdurchsuchungen im linken Milieu der Stadt durchgeführt.[19]

In den umliegenden Gemeinden wurden bekannte und führende KPD-Mitglieder ebenfalls Opfer der nationalsozialistischen Verfolgung. Am 10. März war der Leiter der Großostheimer Ortsgruppe Josef Koch verhaftet worden. Auf Anweisung der NS-Führung wurde er in das Gefängnis „Hinter der Sandkirche" gebracht. Im Mai wurde er dann ebenfalls nach Dachau eingeliefert.[20] Wer sich offen für die KPD engagiert hatte, war den Natio-

---

Construction of Judeo-Bolshevism in Germany, 1918–1933. In: War and Semiotics: Signs, Communication Systems, and the Preparation, Legitimization, and Commemoration of Collective Mass Violence. Hg. v. Frank JACOB. London 2020, S. 106–127. Vgl. auch das Flugblatt: „Ist das Dein Kampf gegen den Kapitalismus, Marxist"?, SSAA, ZGS 208.

18 POLLNICK: Die NSDAP, S. 7.

19 Polizeibericht Nr. 918, 1. März 1933, Staatsarchiv Würzburg [StAWü], LRA Aschaffenburg 2309. Hausdurchsuchungen wurden im Einzelnen bei Alois Brand, August Büttner, Josef Büttner, Karl Griesemer, Josef Grimm, Mathias Haab, Xaver Habert, Otto Kläre, Valentin Köhler, Josef Kraus, Josef Mensch, Friedrich Panocha, Martin Pfarrer, Alfred Richter, Alois Schellenberger, Johann Schwarzmann, Heinrich Siemen und August Volz durchgeführt.

20 Am 8. Mai 1933 wurde Josef Koch zur „Schutzhaft" nach Dachau überstellt und erst am 5. Januar 1934 wieder entlassen. Nach dem Krieg wurde er von der US-Militärverwaltung in Großostheim als Bürgermeister eingesetzt. SCHMITTNER: Verfolgung und Widerstand, S. 68. Zu Großostheim in dieser Zeit vgl. auch: Peter HEPP: Großostheim vor dem Zweiten Weltkrieg 1937–1939: Foto-Dokumentation der nationalsozialistischen Feier-Kultur. Großostheim 2004. Dazu und zu den Ereignissen rund um die „Machtergreifung" in Großostheim, die dort aus Sicht der Nationalsozialisten ebenfalls nicht „problemlos" ablief, vgl. auch den Beitrag von Bernd Hilla in diesem Band bzw. seinen Vortrag: 1933. Chaos-

nalsozialisten bekannt und musste ab Ende Januar 1933 damit rechnen, verfolgt oder in Haft genommen zu werden. Schließlich waren Kommunistinnen und Kommunisten erklärte ideologische Feinde des Regimes. Das harsche Vorgehen gegen sie war ein harter Schlag gegen die KPD in der Region, denn im Raum Aschaffenburg hatten sich die Parteimitglieder weniger stark auf den Widerstand gegen den Nationalsozialismus vorbereitet als etwa in Frankfurt am Main.[21]

Doch nicht nur Mitglieder der kommunistischen Partei liefen ab Ende Januar 1933 Gefahr, verhaftet zu werden. Nachdem diese quasi in einem Schlag ausgeschaltet worden waren, konzentrierte sich die NS-Führung in Aschaffenburg auf die Bekämpfung der Sozialdemokratie. Sozialdemokraten, die schon in der Weimarer Zeit ihre Stimme gegen die nationalsozialistischen Ideen erhoben hatten, standen nun im Visier der neuen Machthaber. Georg Dewald und Jean Stock, ein alter Protagonist der Novemberrevolution, waren bereits am 10. März in der Redaktion der Aschaffenburger „Volkszeitung" festgenommen worden.[22] Im Zuge einer Razzia im Aschaffenburger „Volkshaus" (Fischergasse 24) waren ferner zehn Gewehre und zwei Eierhandgranaten sowie einige Hundert Schuss Munition sichergestellt worden, weshalb die Polizei im Anschluss daran acht Gewerkschaftsvertreter verhaftete.[23]

Die politischen Opponenten des Nationalsozialismus waren somit Schritt für Schritt aus dem öffentlichen Leben der Stadt zurückgedrängt worden und hatten, sofern sie nicht direkt in ein Gefängnis oder Konzentrationslager eingeliefert wurden, unter verschiedenen Formen von Repressalien zu leiden. Darüber hinaus gingen die Nationalsozialisten allerdings ebenfalls daran, den öffentlichen Raum für sich in Anspruch zu nehmen und Zug um Zug zu besetzen.

---

tage in Großostheim. Vortrag auf dem Symposium 90 Jahre „Machtergreifung" in Rhein-Main, Aschaffenburg, 2. Februar 2023.

21 Ein Bericht des Bezirksamtes Aschaffenburg, Nr. 304, 1. Mai 1933, SSAA, LRA Aschaffenburg 2309 wies die Gendarmerie-Stationen darauf hin, dass die führende Riege der in Haft befindlichen Kommunisten festgenommen worden war und diese deshalb auf lokaler Ebene durch andere, vermutlich weniger bekannte Mitglieder, ersetzt worden wären, weshalb eine genaue Überwachung angeordnet wurde. Vgl. dazu SCHMITTNER: Verfolgung und Widerstand, S. 70.

22 Jean Stock wurde im März 1933 in „Schutzhaft" genommen und seine Wohnung durchsucht. Dabei ereignete sich auch folgende Episode: „Die NS-Schergen interessierten sich auch für zwei Bilder an der Wand von August Bebel und Wilhelm Liebknecht. Auf die Frage, wer die beiden vollbärtigen Männer seien, entgegnete Frau Stock schlagartig, es handele sich um Portraits der Großväter mütterlicherseits. Da den SA-Männern weder die einen noch die anderen bekannt waren, entgingen die Bilder der Beschlagnahme". SCHMITTNER: Verfolgung und Widerstand, S. 140.

23 Pollnick: Die NSDAP, S. 14.

Die Besetzung des öffentlichen Raumes

Nachdem sich die politischen Machtverhältnisse in Deutschland im Januar 1933 verschoben hatten, sollte dieser neue Status auch bei den Reichstagwahlen im März desselben Jahres zementiert werden. Dazu hatte die NSDAP in Aschaffenburg am 4. März den „Löwensaal" (Haidstraße 19) angemietet, um dort eine Kundgebung, u.a. zu Wahlzwecken, abzuhalten. Darüber hinaus sollte die Rede Adolf Hitlers dort von Lautsprechern übertragen werden, damit alle Parteimitglieder, auch diejenigen, die selbst noch keinen Rundfunkempfänger besaßen, diese hören konnten. Hinzu kam, dass ein Fackelzug durch die Stadt geplant war, der die Präsenz der nationalsozialistischen Herrschaft noch einmal versinnbildlichen würde.[24] Dieser Zug war vom Stadtkommissariat zuvor genehmigt worden, und SS-Sturmbannführer Karl Schwind war mit der Organisation des gesamten Ablaufs beauftragt worden. In ihren Reden riefen der NSDAP-Kreisleiter Wilhelm Wohlgemuth und sein Parteigenosse Fritz Stollberg die Bevölkerung dazu auf, die nationalsozialistische Idee am folgenden Wahltag aktiv zu unterstützen, da nicht weniger auf dem Spiel stehe als die deutsche Zukunft.[25]

Die Wahlen blieben zwar hinter den Erwartungen der Nationalsozialisten zurück; die oben bereits angesprochene „Gleichschaltung der Länder" sorgte jedoch dafür, dass die NSDAP bald auch dort regierte, wo sich die Wählerinnen und Wähler am Wahltag anders entschieden hatten. Die räumliche Vereinnahmung der Stadt Aschaffenburg wurde am 11. März 1933 durch eine „totale Beflaggung der Stadt mit Hakenkreuzbannern"[26] demonstriert. Für jeden sichtbar sollte das Symbol der neuen Ordnung belegen, dass Aschaffenburg nun ebenfalls eine nationalsozialistische Stadt geworden war. Eine Kundgebung am Schloss bot erneut die Möglichkeit zur Inszenierung einer „uniformierte[n] Kulisse",[27] bei der die SA-Kapelle das Deutschlandlied anstimmte. Zudem wurde auf dem Schloss die Hakenkreuzfahne gehisst, ein Akt, der, wenn man die symbolische Bedeutung des berühmten Wahrzeichens der Stadt bedenkt, in seiner Wirkung nicht unterschätzt werden darf.[28] Als das Bezirksamt (Luitpoldstra-

---

24 Vgl. Ebd., S. 7.
25 Vgl. Ebd.
26 Vgl. Ebd., S. 11.
27 Vgl. Ebd.
28 Vgl. Frank JACOB: Aus Aschaffenburg in die Welt – Das Aschaffenburger Schloss auf Ansichtskarten. Aschaffenburg 2022.

ße 10) ebenfalls derart beflaggt werden sollte, regte sich jedoch Widerstand. Der amtierende Bezirksrat Friedrich Kihn war nicht gewillt, der Anweisung Folge zu leisten, und wollte das Hissen der Hakenkreuzfahne von der lokalen Polizei unterbinden lassen. Letztere sah sich jedoch außer Stande, gegen die Anweisung zu opponieren. Dieses Dilemma mag nicht für alle Beamte bestanden haben, gab es doch sicher viele, die dem Nationalsozialismus zu diesem Zeitpunkt zumindest nicht ablehnend gegenüberstanden. Wie dieses Beispiel eindrücklich belegt, waren nicht alle Beamten bereit, den Untergang der Weimarer Republik und den damit einhergehenden Aufstieg des Nationalsozialismus schweigend hinzunehmen.[29] Schließlich wehten auf dem Justizgebäude der Stadt sowie dem Bahnhof ebenfalls bald Hakenkreuzfahnen, sodass für jeden weithin sichtbar wurde, dass die Stadt und damit der urbane Raum in kurzer Zeit auf nationalsozialistischen Kurs gezwungen worden war.

Abb. 1:
Parade am 1. Mai 1933 (SSAA, Fotosammlung/ Sammlung Stadelmann).

---

29 Pollnick: Die NSDAP, S. 12.

Die Präsenz der Nationalsozialisten auf den Straßen der Stadt gewann durch die Ereignisse seit Januar 1933 zudem eine ganz neue Qualität. Oberbürgermeister Wilhelm Wohlgemuth nahm aktiv an Demonstrationen oder Protestmärschen seiner Partei teil und instrumentalisierte damit das Amt politisch so umfassend wie möglich. Er war klar als das Stadtoberhaupt der Nationalsozialisten zu erkennen und machte gar keinen Versuch, sich als parteiübergreifend am Wohle der Stadt interessiert zu zeigen. An einer Großdemonstration der NSDAP-Ortsgruppe gegen jüdische Geschäfte nahm er am 31. März persönlich teil und demonstrierte dadurch, dass er diesem Bevölkerungsteil ablehnend und ausgrenzend gegenüberstand. Wohlgemuth verlieh der Forderung nach dem „Schutz" deutscher Geschäfte auch im Stadtrat Nachdruck und trug dadurch weiter aktiv zur Spaltung der Gesellschaft bei. Er lancierte beispielsweise die Entscheidung, der jüdischen Firma Wohlwerth (Dalbergstraße 2) zu untersagen, weiterhin Lebensmittel in der Stadt zu verkaufen.[30]

Abb. 2:
Der Freihofsplatz am
1. Mai 1933 (SSAA,
Fotosammlung/Alfen).

Dem zunehmenden Druck von oben mussten sich schließlich diejenigen Bürgerinnen und Bürger beugen, die nicht umgehend bereit waren, die neuen Verhältnisse ohne jeglichen Widerstand anzuerkennen. Doch schon bald beherrschte der NS-Mob die Straßen Aschaffenburgs, wurde der Geburtstag des „Führers" am 20. April 1933 ausgiebig gefeiert und die Frohsinnstraße kurzerhand in Adolf-Hitler-Straße umbenannt. Der öffentliche Raum war damit auch namentlich vollends von den Nationalsozialisten und ihren Helfershelfern in Anspruch genommen worden.[31]

---

30 Flugblatt: „Kampfgemeinschaft gegen Warenhäuser u[nd] Konsumvereine der N.S.D.A.P." (Hitlerbewegung), Ortsgruppe Aschaffenburg, SSAA, ZGS 208.
31 Schmittner: Verfolgung und Widerstand, S. 60 f.

Fazit: eine Warnung für die Zukunft

Die „Machtergreifung" 1933 war ein komplexer Prozess, der, wie der Blick auf Aschaffenburg zeigt, aus verschiedenen sich überlagernden Veränderungen bestand. Während die Nationalsozialisten seit Ende Januar 1933 daran gingen, das politische System des Landes umzuformen und es auf „Führer" und Partei auszurichten, kam es auch in Aschaffenburg zu einer grundlegenden Umgestaltung der politischen Gegebenheiten – selbst wenn bis April bzw. Juni 1933 die anderen Parteien nicht völlig handlungsunfähig waren. Die rücksichtslose Verfolgung politischer Gegner, zuerst innerhalb der KPD, dann innerhalb der SPD, machte es jedoch – mitunter auch wegen der Uneinigkeit und der Differenzen zwischen den beiden linken Parteien sowie der Passivität bürgerlicher und konservativer Kräfte – schwierig, eine koordinierte Reaktion auf die nationalsozialistischen Ambitionen zu initiieren. Mehr und mehr erodierten die Nationalsozialisten und die führenden Persönlichkeiten des NS-Regimes innerhalb der Stadt den öffentlichen Raum. Sie unterwarfen diesen immer stärker und zunehmend sichtbarer dem Macht- und Führungsanspruch der Partei, ihrer Bewegung und ihres „Führers". Dieser Prozess mag insgesamt viel schneller abgelaufen sein, als viele Beobachterinnen und Beobachter es erwartet haben. Er belegt dahingehend deutlich, was passieren kann, wenn rechtsradikalen Kräften innerhalb der Gesellschaft zu lange zu viel Raum gewährt wird und deren menschenverachtende Ambitionen auf die leichte Schulter genommen werden. Der Prozess der „Machtergreifung" in Aschaffenburg sollte daher auch als warnendes Beispiel verstanden werden, dass selbst stabile und solidarische Stadtgemeinschaften nicht davor gefeit sind, extremistisch ausgehöhlt und ins Unglück gestürzt zu werden.

BERND HILLA

Chaostage in Großostheim: Ein Beispiel für die „Machtergreifung" der Nationalsozialisten am 30. Januar 1933

In Großostheim herrschten ab 1933 chaotische Zustände, die sich über einen längeren Zeitraum bis 1935 hinzogen. Sie waren geprägt von Auseinandersetzungen innerhalb der örtlichen NSDAP, denn die Großostheimerinnen und Großostheimer wollten ihre Angelegenheiten lieber alleine regeln und sich nicht von der Aschaffenburger NSDAP Kreisleitung bestimmen lassen.

Der 30. Januar ist für mich persönlich durchaus ein zwiespältiges Datum – einerseits die unsägliche „Machterschleichung" 1933[1], andererseits fällt der Tag seit 1942 auf meinen Geburtstag. Der Jahrestag liegt außerdem nah an der Erinnerung an Stalingrad, wo am 2. Februar 1943 die Sechste Armee kapitulierte und das Ende des NS-Regimes und der größten Verschwörungstheorie aller Zeiten einläutete. Da war ich gerade mal ein Jahr alt. Als Kind der Kriegs- und Nachkriegszeit war der Nationalsozialismus für mich kein Thema. Erst als ich als Lehrer Geschichte unterrichtete, habe ich mich näher mit diesem Kapitel deutscher Geschichte beschäftigt. Dabei war die auslösende Frage: Wie können geschichtliche Ereignisse auf den Ort – in diesem Fall Großostheim – herunter gebrochen werden? Was, von dem was in Geschichtsbüchern vermittelt wird, hat auch hier stattgefunden? Lokalhistorische Aspekte ließen sich daraufhin von der Jungsteinzeit über die Römer, den 30-jährigen Krieg über Napoleon bis heute ganz gut verfolgen. Was ließ sich über Großostheim 1933 herausfinden?

In der Ortschronik von Hans Karch[2] von 1952 war nicht allzu viel zu finden, also machte ich mich im Gemeindearchiv und in den lokalen Zeitungen – „Aschaffenburger Zeitung" und „Beobachter am Main" – auf Spuren-

---

1   Gegenüber den Bezeichnungen „Machtergreifung" und „Machtübernahme" betont der Begriff „Machterschleichung" den konspirativen Charakter des Machtwechsels im Jahr 1933. Auf kommunaler Ebene zeigt sich am Beispiel Großostheims, wie 1933/34 unter dem Druck der NSDAP-Kreisleitung der Handlungsrahmen von Bürgermeister und Gemeinderat zunehmend enger werden. Einer schleichenden Ausschaltung des Gemeinderats folgt schließlich die externe Besetzung des Bürgermeister-Postens.
2   Hans KARCH: Großostheim unter Bayern. Aschaffenburg 1952 (= Beiträge zur Geschichte der Marktgemeinde Großostheim und des Bachgaues II).

suche. Außerdem befragte ich Zeitgenossinnen und Zeitgenossen, die es allerdings oft mit der Wahrheit nicht so genau nahmen, wie sich nach und nach herausstellte. Ein Teil meiner Recherchen ist schließlich in die Ortsgeschichte von Dorothee Klinksiek eingeflossen, die sie im Auftrag der Gemeinde verfasst hat und die 1994 erschienen ist.[3]

Die Marktgemeinde Großostheim

Großostheim verzeichnete 1933 ohne die heutigen Ortsteile Ringheim, Pflaumheim und Wenigumstadt 3.840 Einwohnerinnen und Einwohner.[4] Heute leben auf gleicher Fläche 8.582, mit den neuen Ortsteilen 16.556 Menschen. Großostheim wurde im Jahr 799 zum ersten Mal in einem Verzeichnis des Klosters Fulda urkundlich erwähnt. Die Bewohnerinnen und Bewohner lebten bis 1945 hauptsächlich in einem Rundling innerhalb der ehemaligen Ortsmauer. Straßen führten in Richtung Aschaffenburg, Pflaumheim, Niedernberg, Schaafheim und zum Bahnhof. Dort gab es aber nur wenige Wohnhäuser. Bis Mitte des 20. Jahrhunderts lebte die Großostheimer Bevölkerung überwiegend von der Landwirtschaft und von Heimarbeit für die Kleiderfabriken in den Städten. Es gab zwei große Brauereien und ein Sägewerk.

Die Fraktionen im Gemeinderat waren in der Weimarer Republik örtlich in der Arbeiterpartei, der Bürgerpartei und ab 1930 in der Fortschrittspartei organisiert. 1930 traten die Sozialdemokratische Partei (SPD) und die Kommunistische Partei (KPD) erstmals getrennt zur Gemeinderatswahl an. Bürgermeister war Johann Damrich von der Fortschrittspartei und sein Stellvertreter Johann Klug (SPD). Die Fortschrittspartei war aus dem Streit um den Bau einer Wasserleitung hervorgegangen, die in Großostheim erst 1927 gelegt worden war. Bis dahin mussten sich die Menschen an öffentlichen Brunnen versorgen.

Johann Damrich, der anpassungsfähige Bürgermeister

1930 wurde ebenfalls eine Ortsgruppe der NSDAP gegründet. Sie trat bei den vorgezogenen Kommunalwahlen im April 1933 zum ersten Mal an, mit

---

3   Dorothee KLINKSIEK: Chronik des Marktes Großostheim 1803–1978. Neustadt a. d. Aisch 1994.
4   KARCH: Großostheim, S. 17.

Abb. 1:
Johann Damrich,
Bürgermeister von
Großostheim (1930–1934).
Das Schild wurde an seinem
Haus angebracht
(Geschichtsverein Bachgau).

sechs Sitzen erreichte sie jedoch keine Mehrheit im Gemeinderat. Acht Sitze hatten die bürgerlichen Kräfte erlangt, die nun als Bayerische Volkspartei (BVP) firmierten. Die SPD kam auf einen Sitz.[5] Die KPD war bereits verboten. Die Fortschrittlichen traten nicht mehr an. Es durften nur noch Parteien, die auch im Berliner Reichstag vertreten waren, Kandidaten aufstellen.

Die beiden gewählten Bürgermeister Johann Damrich und Johann Klug wurden am 24. April 1933 in ihren Ämtern vom Gemeinderat bestätigt. Hieraufhin griff die Aschaffenburger Kreisleitung der NSDAP ein, sie beanspruchte die Macht im Großostheimer Rathaus, aber so einfach war das in Großostheim nicht. Klug musste auf Druck der Kreisleitung sofort zurücktreten. Nach einer Verfügung des Bezirksamtes verpflichtete Damrich daher am 2. Juni Eduard Adam Hock als zweiten Bürgermeister.[6] Damrich selbst blieb noch ein Jahr bis zum März 1934 im Amt; er konnte so lange bleiben, weil er sich als durchaus anpassungsfähig erwies. Schon vor dem 30. Januar 1933 hatte er Versammlungen der KPD mit dem Einverständnis des Aschaffenburger Bezirksamtes verbieten lassen. Eine SS-Gruppe wurde auf Antrag des Schreiners Georg Flügel, dem späteren Wehrführer der Feuerwehr, erst im Juni 1933 gegründet. Gegen sie hatte Damrich keine Einwendungen.[7]

---

5   Gemeindearchiv Großostheim (GA GO).
6   GA GO, Bayer. Bezirksamt Aschaffenburg an die Gemeindebehörde Großostheim, 16.05.1933.
7   GA GO.

Die NSDAP dominiert das öffentliche Geschehen

Anfang Juli 1933 wurden die Gemeinderäte der SPD und der BVP zum Rücktritt gezwungen. Dies erfolgte auf eine Bekanntmachung des Innenministeriums hin, wonach die Gemeinderatsmitglieder zu „befragen" seien, ob sie ihr Amt „freiwillig niederlegen" würden.[8] Fortan bestand der Gemeinderat nur noch aus Parteigenossen der NSDAP.

Auch im Ortsgeschehen übernahmen die Nationalsozialisten nach und nach das Kommando. In Zeitungsberichten finden sich zahlreiche Hinweise auf Veranstaltungen und Kundgebungen im öffentlichen Raum, auf den Straßen, Plätzen und in den Gasthäusern des Ortes. Nicht nur in der Lokalpolitik, auch in Vereinen und Kirchengemeinden hatte sich die „Gleichschaltung" durch die NSDAP längst vollzogen. Am 25. März 1933 meldete der SA-Mann Eduard Petermann abends eine Kundgebung mit Fackelzug durch die Ortsstraßen und einen nachfolgenden deutschen Abend im Gasthaus „Zum Löwen" an.[9] Am 31. Mai lud der Turnverein Großostheim Bürgermeister und Gemeinderäte zur Vollversammlung mit vaterländischer Kundgebung in den Saal des Gasthauses „Zur Krone".[10] Am 22. Juli sprach der Parteigenosse Lehrer Hain im Gasthaus und Parteilokal „Zum

Abb. 2:
Maibaumaufstellung auf dem Großostheimer Marktplatz, 1937 (Archivfoto: Peter Hepp).

8   GA GO, Bekanntmachung des Staatsministeriums des Innern, 17. Juni 1933.
9   GA GO.
10   Vgl. Ebd.

Löwen" über die neuen Maßnahmen der Regierung und nationalsozialistische Gemeindepolitik.[11]

Die Nationalsozialisten vereinnahmten Traditionen, Bräuche und Festivitäten in Großostheim und nutzten sie politisch und ideologisch für ihre Zwecke aus. Im „Beobachter am Main" beispielsweise war von einer Josefsfeier zu Ostern 1934 zu lesen: „Arbeitersekretär Maier forderte zum Zusammenhalt und zur Treue zum Papst, zu den Bischöfen und Priestern auf. Weiter ermahnte er alle, am Aufbau des neuen Deutschland mitzuarbeiten. Präses Pfarrer Sauermann unterstrich diese Worte. Vizepräses Heinrich Zobel schloss die Feier mit Heil Hitler".[12]

Chaotische Bürgermeisterwahl 1934

Im März 1934 wurde schließlich Bürgermeister Johann Damrich per Verordnung der NSDAP-Kreisleitung seines Amtes enthoben.[13] NSDAP-Ortsgruppenleiter Eduard Petermann erhob Anspruch auf den Posten. Nachdem er gewählt worden war, durfte er allerdings das Amt nicht antreten, weil er eine Affäre mit der Jüdin Rosel Schloss hatte. Das galt im „Dritten Reich" als „Rassenschande" und wurde gerichtlich geahndet. Die Verhandlungen fanden im Gasthaus „Zum Löwen" und im Rathaus statt.[14] Rosel Schloss musste Großostheim in Richtung Frankfurt am Main verlassen und fand später in Oestrich-Winkel eine Arbeitsstelle. Sie wurde 1942 ebenso wie ihre Familie ins Ghetto nach Lodz deportiert und dort ermordet.

Für einen neuen Bürgermeister mussten Neuwahlen angeordnet werden, denn Petermann kam nun nicht mehr in Frage. Die Aschaffenburger Kreisleitung wollte keinen Großostheimer, weil sie eine Kungelei befürchtete. Die Stelle wurde im „Völkischen Beobachter", in der „Aschaffenburger Zeitung" und in der „Nationalsozialistischen Beamten-Zeitung" ausgeschrieben. Es bewarben sich Johann Krimm aus Großostheim, Truppführer beim Reichsarbeitsdienst, H. Ludwig, der erste Bürgermeister aus dem benachbarten Röllfeld, Hermann Metzger, Gemeindeangestellter und Schriftführer im Gemeinderat und Hermann Aulbach, Kaufmann in der Lederfabrik von Franz Ritter, dem späteren Ortsgruppenführer der NSDAP

---

11 Vgl. Ebd.
12 Stadt- und Stiftsarchiv Aschaffenburg (SSAA), Beobachter am Main, 31. April 1934.
13 GA GO.
14 Vgl. Ebd.

und Dr. Werner Korn, der erste Bürgermeister von Nördlingen, einer Kleinstadt in Bayerisch-Schwaben.

Die Kreisleitung der NSDAP hatte darauf bestanden, dass der erste Bürgermeister hauptamtlich agieren sollte. Das war auf Widerstand im Gemeinderat gestoßen. Am 2. Juli 1934 stimmte er dann doch zu, weil man hoffte, den Posten für einen Großostheimer retten zu können.[15] Die Mitglieder wählten am 2. November mit Mehrheit Hermann Metzger zum ersten Bürgermeister. Die Kreisleitung lehnte ihn aber ebenfalls ab.[16] Die Großostheimer lehnten wiederum den von der Kreisleitung favorisierten Kandidaten Dr. Korn entschieden ab, weil er ihnen für ländliche Verhältnisse nicht geeignet erschien. Danach trat der Gemeinderat – inzwischen vollständig in der Hand von NSDAP-Mitgliedern – geschlossen zurück, weil er sich außerstande sah, die Wünsche der Kreisleitung zu erfüllen.[17] In dieser Zeit war das ein sehr mutiger Schritt und ein Zeichen dafür, dass Großostheim seine eigenen Belange selbst vertreten sollte – allerdings nur innerhalb der bestehenden nationalsozialistischen Rahmenbedingungen.

Um aus der Schusslinie zu geraten, hatte der Gemeinderat vorsorglich bereits am 27. April 1933 die Haarstraße in Adolf-Hitler-Straße umbenannt.[18] Aber alles nützte nichts, auch nicht die Eingabe des geschäftsführenden zweiten Bürgermeisters Eduard Adam Hock. Er schrieb in dieser Angelegenheit sogar an den bayerischen Innenminister. Für ihn kam als Bürgermeister nur ein Einheimischer in Frage. Das wäre auch die Meinung der Mehrheit der Bevölkerung, argumentierte er.[19] Doch es half alles nichts. Die Kreisleitung der NSDAP Aschaffenburg unter Wilhelm Wohlgemuth fackelte nicht mehr lange.

Die Aschaffenburger Kreisleitung setzt sich durch

Per Erlass hieß es nun am 12. November 1934: Die Amtsgeschäfte sind sofort an Dr. Werner Korn zu übergeben, der nun hauptamtlich das stattliche Salär von 3.900 Reichsmark verdiente.[20] Die Ernennung erfolgte allerdings erst am 14. Januar 1935, die Vereidigung nahm bezeichnenderweise noch der NSDAP-Ortsgruppenleiter Eduard Petermann am 10. Oktober dessel-

---

15 Vgl. Ebd.
16 Vgl. Ebd.
17 Vgl. Ebd.
18 GA GO, Protokollbuch des Gemeinderats, 27. April 1933.
19 GA GO.
20 Vgl. Ebd.

ben Jahres vor. Als Korns Stellvertreter wurden Josef Eichelsbacher und Franz Klug berufen. Sechs Gemeinderäte – Georg Haas, Anton Berg, Jakob Karn, Valentin Hock, Martin Steiner und Georg Johe – wurden neu ernannt. Allerdings tagte man fortan nur noch recht selten, denn es galt auch nun in Großostheim das „Führerprinzip". Der Bürgermeister bestimmte, und alle Gemeindemitglieder hatten zu folgen. Dem Gemeinderat kam nur noch eine beratende Funktion zu. Und die Großostheimerinnen und Großostheimer arrangierten sich mit der Situation. Ausgeschlossen blieb nur der jüdische Bevölkerungsteil. Korn blieb bis zu seiner Versetzung 1940 nach Lohr im Amt. Im Krieg fiel er an der Ostfront. Auch sein Nachfolger war mit dem Lohrer Hans Nestmeier kein Einheimischer. Er wurde erst nach dem Einmarsch der amerikanischen Truppen 1945 abgesetzt.

Örtlicher Widerstand

Der Widerstand gegen die Machtübernahme durch die Nationalsozialisten in Großostheim war recht gering, obwohl die kommunistische Partei hier viele Anhänger hatte. Die neuen Machthaber gingen rigoros gegen Kommunistinnen und Kommunisten vor. So wurde Josef Koch am 5. Mai 1933 verhaftet und bis 1935 im Konzentrationslager Dachau interniert. Nach Kochs Verhaftung blieben einige Mitglieder der KPD weiter im Untergrund tätig, andere waren aber auch zu den Nationalsozialisten übergelaufen.

Die wenigen Widerständler druckten Flugzettel und verteilten sie. Rudi Hartlaub hatte sie immer in seiner Milchkanne versteckt, so erzählte er. Seinem Vater Franz Hartlaub war das 1934 aber zu gefährlich geworden, er wollte seine Schreibmaschine in Darmstadt verkaufen, bevor man sie bei ihm entdecken könnte. Dabei wurde er in Dieburg erwischt und ins Gefängnis nach Hanau gebracht. Rudis Großvater wurde sofort in Beugehaft genommen. Da die Mutter nun auf sich alleine angewiesen war, hoffte sie auf Hilfe von Johann Damrich und der Kirche, die beide jedoch ablehnten. Franz Hartlaub wurde wegen Hoch- und Landesverrats zu 19 Monaten Gefängnis verurteilt, die er im Limburger Zuchthaus absaß. Nach seiner Entlassung musste er beim Autobahnbau unter SS-Bewachung arbeiten.[21] Auch danach blieb die Ernährungslage für die Familie schwierig.

Abb. 3:
Josef Koch wurde im Konzentrationslager Dachau interniert. Nach Kriegsende setzten ihn die US-Behörden als Bürgermeister ein (Privatarchiv Bernd Hilla).

---

21   Mitteilung des Zeitzeugen Rudi Hartlaub.

Für 10 Pfennig erstand sie beim Metzger Saufüßchen, die sonst weggeworfen worden wären. Beim Sonntagsspaziergang musste sie sich dafür mit den Worten verspotten lassen: „Wie wird man ein Schwein!".[22]

Als am Palmsonntag, dem 25. März 1945, die Amerikaner Großostheim von der NS-Herrschaft befreiten, setzten sie den Kommunisten Josef Koch als Bürgermeister ein, da er als unverdächtig galt, mit den Nationalsozialisten je gemeinsame Sache gemacht zu haben. Johann Damrich, der 1934 abgesetzte Bürgermeister, hatte sich inzwischen auch bei der US-Militärverwaltung angebiedert. Er half nach Kriegsende bei der Essensausteilung. Franz Hartlaub wurde als Helfer bei der Organisation der Flüchtlingsunterbringung eingesetzt. Viele ehemalige Nationalsozialisten mussten nun die Vertriebenen beherbergen.

Josef Koch war 1935 aus dem Konzentrationslager Dachau freigekommen mit dem Versprechen, nie über diese Zeit zu sprechen. Daran hat er sich Zeit seines Lebens gehalten, hat mir seine Tochter Frieda Morhart erzählt, die während der Internierung zur ersten Kommunion ging.

---

22 Vgl. Ebd.

HARTMUT BLAUM

Nicht Berlin, sondern Kelsterbach am Main! Ein Werkstattbericht zur „Machtergreifung" durch die Nationalsozialisten

Die deutsche und die internationale Geschichtsschreibung haben der sogenannten „Machtergreifung" durch die Nationalsozialisten 1932/33 ausreichend Raum und Beachtung geschenkt. Neue Forschung brachte wegweisende Ergebnisse, so etwa Jürgen W. Falters Studie zu den Mitgliederstrukturen der NSDAP aus dem Jahr 2020 oder die wirtschaftsgeschichtliche Arbeit von Paul Windolf und Christian Marx von 2022.[1] Ulrich Herbert hinterfragt in seiner Studie „Wer waren die Nationalsozialisten?" von 2021 die bisherigen Annahmen, woher die Anhänger des Nationalsozialismus kamen und wie sie sozialisiert waren.[2]

Der Blick jedoch in die kleinen Gemeinden im Deutschen Reich hat noch immer etwas von einem Nischendasein. Doch gerade die Umsetzung der NS-Diktatur im Kleinen, in Städten und Gemeinden, kann wertvolle neue Erkenntnisse bringen, wie sich eine Diktatur entwickelt und wie sie sich zu stabilisieren vermag. Es ist dem Offenbacher Historiker Carl-Wilhelm Reibel an der Goethe-Universität Frankfurt zu verdanken, dass er den Blick auf die Geschehnisse und die Organisation der NS-Herrschaft in den NS-Ortsgruppen lenkt, indem er die Ortsgruppen und ihre Strukturen, Aufgaben und Befugnisse innerhalb der NS-Diktatur beschreibt. Reibels Buch „Das Fundament der Diktatur, die NSDAP-Ortsgruppen 1932–1945", erschienen 2022, und seine weiteren Forschungen beispielsweise zu Ortsgruppen der NSDAP in Frankfurt am Main stützten und beförderten das Vorhaben der Stadt Kelsterbach, ein Projekt über vier Jahre zu fördern, das die NS-Zeit in Kelsterbach 1933 bis 1945 aufarbeiten soll.[3] Ein Teilergebnis dieser „Forschung im Kleinen" soll im Folgenden skizziert werden. Dabei steht die Machtübernahme durch die NSDAP in den politischen Gremien, der

---

1 Jürgen W. FALTER: Hitlers Parteigenossen. Die Mitglieder der NSDAP 1919–1945, Frankfurt am Main 2020; Paul WINDOLF, Christian MARX: Die braune Wirtschaftselite. Unternehmer und Manager in der NSDAP, Frankfurt am Main, 2022.

2 Ulrich HERBERT: Wer waren die Nationalsozialisten?, München 2021.

3 Carl-Wilhelm REIBEL: Das Fundament der Diktatur. Die NSDAP-Ortsgruppen 1932–1945 (= Sammlung Schönig zur Geschichte und Gegenwart), Paderborn 2002.

Stadtverwaltung und im öffentlichen Raum im Zentrum. Ebenso gilt der Blick den Repressionen gegen die Opposition verbunden mit der Frage nach dem vergleichsweise geringen Widerstand im politisch traditionell von KPD und SPD geprägten Kelsterbach.

Schwierige Quellenlage

Die Quellenlage, also die schriftliche Überlieferung aus den Jahren 1933 bis 1945, ist in Kelsterbach sehr dürftig. Auf Anordnung des damaligen Gemeindebeigeordneten Jakob Diefenbach (geb. 1914), der in Vertretung des bei der Wehrmacht diensttuenden Bürgermeisters Busch amtierte, wurden um den 15. März 1945 herum auf dem Markplatz sämtliche Parteiakten der NSDAP verbrannt, wie in vielen anderen Orten im Reich auch vor dem Einmarsch der Amerikaner. Bemerkenswert hierbei: Schon kurz nach der Machtübernahme in Kelsterbach zwischen Januar bis März 1933 verbrannten die Nationalsozialisten auf dem Marktplatz alles, was der „Bewegung" entgegenstand: Fahnen, Bücher, Schriften von SPD, KPD und Gewerkschaften.[4] Die Forschung ist daher auf Zeitungsauschnitte und Entnazifizierungsakten in den Staatsarchiven sowie einige polizeiliche Aktenkonvolute, die auch Aufschluss über die Geschehnisse nach der „Machtergreifung"

Abb. 1:
Luftaufnahme von Kelsterbach, 1931 (Stadtarchiv Kelsterbach).

---

4   Stadtarchiv Kelsterbach (SA Kel)

am 30. Januar 1933 geben, angewiesen. In den Kelsterbacher Gemeinde-akten sind zudem wenige besondere Quellen erhalten, wie beispielsweise eine Karte des als „Russenlager" bezeichneten Gau-Arbeitsamt-Durch-gangslager Kelsterbach. Diese findet sich in einer Sammlung von Anträ-gen, die Gastwirtschaften an das Ordnungsamt richteten.[5] Zeitzeugen gibt es nicht mehr.

Politische Kräfteverhältnisse vor Ort

Kelsterbach mit seinen rund 5.500 Einwohnern war 1933, genau wie das benachbarte Mörfelden, eine „rote Hochburg", das heißt, dass während der Zeit der Weimarer Republik rund 70 Prozent der Wähler links, also die SPD und auch später vermehrt die KPD wählten. Bei der letzten freien Reichs-tagswahl am 31. Juli 1932 holte die NSDAP in Kelsterbach nur 731 Stim-men, auf die SPD entfielen 960, auf die KPD gar 1.108 Stimmen. Das Zent-rum zog 202, die DVP (Liberale) 20 Wähler. Bei der schon unter NS-Gewalt stattgefundenen Reichstagswahl am 5. März 1933 holte die NSDAP in Kels-terbach 1.036 Stimmen, aber 2.268 Wähler stimmten für eine andere Par-tei.[6] Fazit aus den zahlreichen Wahlergebnissen: Die NSDAP hatte es im „ro-ten Kelsterbach" mit seiner SPD-Tradition schwer, Fuß zu fassen. In den Glanzstoffwerken – sie bot vielen Kelsterbachern Arbeit – in denen 1929 bis zu 2.500 Menschen arbeiteten, hatten die KPD und die Gewerkschaften eine starke Basis und waren gut organisiert.

Angestrebt hatte die NSDAP 1933 reichsweit eine Mitgliederzahl von 10 Prozent der Bevölkerung.[7] Bei einer reichsweiten Erhebung aus dem Jahr 1939 wurden in Kelsterbach 408 NS-Mitglieder gezählt. Bei einer Bevölke-rungszahl von rund 5.500 Personen waren das rund 7 Prozent.[8] Kelsterbach blieb ein schwieriges Pflaster für die NS-Partei und ihre Gliederungen. Nur 41 NS-Mitglieder waren Hitler schon vor der Machtergreifung am 30.1.1933 zugetan, nur ein „Alter Kämpfer" aus dem Jahr 1926 trug das Goldene Par-teiabzeichen mit der NS-Mitglieds-Nummer 35.400.[9] SA-Mitglieder gab es 27, im SS-Sturm in Höchst waren 20 Kelsterbacher organisiert.[10] Dennoch

---

5   SA Kel.
6   Vgl. Ebd.
7   FALTER: Parteigenossen, S. 63.
8   SA Kel.
9   Vgl. Ebd.
10   Vgl. Ebd.

organisierte sich in kurzer Zeit auch in Kelsterbach der aufkommende NS-Staat mit seinen zahlreichen Parteiorganen DAF, NSV, NSKK, Hago (Handel und Gewerbe) sowie Zellen- und Blockwarte der Partei.[11]

Reaktionen auf den 30. Januar 1933

Die Wahlkämpfe dieser Zeit wurden mit einer zunehmenden Brutalität und mit Schlägereien entschieden, gekämpft wurde auf der Straße, auf dem sogenannten „Dalles", dem späteren Horst-Wessel-Platz, der heutigen Friedrichshöhe.[12] Kurz nach dem 30. Januar 1933 und der Machtübernahme feierte die NSDAP-Ortsgruppe Kelsterbach den Sieg mit einem großen Fackelzug, SPD-Mitglieder und KPD-Funktionäre sowie Gewerkschafter wurden verhaftet und schikaniert. Bücher, Fahnen und Schriften wurden auf dem Marktplatz verbrannt.[13] Bemerkenswert ist, dass noch am 30. Januar 1933 die Kommunisten von der Glanzstoff AG ausgehend eine Demonstration in Kelsterbach gegen Hitler und die NSDAP organisierten. Der gemeinsame Widerstand gegen die NSDAP führte aber nicht wirklich zu einer Zusammenarbeit von Mehrheits-SPD und russisch geprägter weltrevolutionärer KPD, im Gegenteil.

Bürgermeister Johann Hardt, seit 1901 für die Bürgerlichen im Amt, musste sein Amt am 28. April 1933 niederlegen. Am 2. Mai trat der SA-Führer Karl Bamberger (1902-1986) das ehrenamtliche Bürgermeisteramt an. Da sich die Groß-Gerauer Beamtenschaft im Kreis mit baldiger Treue zum „Führer" bekannte, ging der Umbruch in den Verwaltungen zügig vonstatten. Der Kelsterbacher Schuldiener und SPD-Vorsitzende Georg Wagner wurde entlassen, dafür wurden die eigenen NS-Freunde protegiert. Es regierte nur noch die NSDAP-Fraktion unter ihrem Führer Ludwig Bersch im sogenannten „Schloß". Sie vereidigte auch den neuen, aus den eigenen Reihen stammenden und linientreuen Bürgermeister. Der Gemeinderat bestand nun aus NSDAP-Mitgliedern und einem „Feigenblatt", einem Mitglied aus Reihen des katholischen Zentrums.[14]

Sofort nach Etablierung der NS-Ortsgruppe wurde der eigene NS-Bürgermeister zu einer Art Marionette, der vielfach den Ereignissen nur hinterhersehen konnte. Die NS-Ortsgruppe bestimmte, dass eigene Leute in

11   Vgl. Ebd.
12   Vgl. Ebd.
13   SA Kel., Kelsterbacher Zeitung.
14   SA Kel.

Abb. 2:
Beflaggter Sitzungssaal im
Parteiheim der NSDAP,
Ortsgruppe Kelsterbach
(Stadtarchiv Kelsterbach).

die Gemeindeverwaltung gesetzt wurden. Die brutale Gewaltanwendung, mit der die von Göring ernannten SA-Hilfspolizisten gegen ausgewiesene Gegner der Bewegung vorgingen, ist aktenkundig.[15] Alle Gegner wurden abgepasst und meist abends oder nachts oder auf dem Nachhauseweg von der Arbeit übel zugerichtet. Rund 20 SA-Schläger haben sich – namentlich bekannt – mit Brutalität hervorgetan.[16] Die Mehrzahl von ihnen stammte nicht aus Kelsterbach selbst, sondern waren Zugezogene.

Okkupation des öffentlichen Raums

Das öffentliche Leben der Zeit vollzog sich auf der Straße, in den Wirtschaften, auf Versammlungen und in Vereinen. Die Menschen zogen hinter Musikkapellen her, standen vor Litfaßsäulen, lasen Zeitung, diskutierten. Der öffentliche Diskurs fand auch tatsächlich in der Öffentlichkeit statt, man zeigte in der Gemeinde wo immer möglich Präsenz, so auch an Weihnachten 1932, als erstmals „Braunhemden" die evangelischen Gottesdienste besuchten. Die NSDAP nutzte dies und organisierte in Kelsterbach eine große Öffentlichkeit durch die Veranstaltung von Festen, Aufmärschen und Beflaggungen. So wurde beispielsweise auch der 1. Mai als „Tag der nationalen Arbeit" besonders inszeniert und für den Führerkult genutzt.

---

15 Februar/März 1933: Per Beschluss macht Innenminister Göring (Preußen) die SA zur Hilfspolizei.
16 SA Kel.

Abb. 3:
Feier am 1. Mai in Kelsterbach, ohne Jahresangabe (Stadtarchiv Kelsterbach).

Repressionen treffen auf Tatenlosigkeit

Sofort nach dem 30. Januar 1933 setzte die Repression gegen all jene ein, die nicht zur NSDAP gehörten oder sich zu ihrer Politik bekannten. In erster Linie betraf das die SPD, aber auch die KPD, die AOK, den Stahlhelm, den Rot-Frontkämpferbund, den Arbeiter-Radfahrverein „Frisch Auf", den Gesangverein „Germania" oder die „Freien Turner". Die Freireligiöse Gemeinde wurde 1935 verboten, bis 1938 erfolgte eine breite „Gleichschaltung" der Gemeindegesellschaft.

Gegen die Repressionen gab es kaum Widerstände. Gründe hierfür liegen teils in den schwierigen wirtschaftlichen und gesellschaftlichen Verhältnissen, wie es auch das Beispiel Kelsterbach und der Blick auf die Verhältnisse von 1932/33 zeigt. Herrschende Gewalt, Arbeitslosigkeit, Hunger, Wohnungsnot und wirtschaftliche Perspektivlosigkeit dominierten auch die Situation vieler Kelsterbacher. Ein Großteil der Kelsterbacher lebte von kärglicher Arbeitslosenhilfe und hoffte vor allem auf eine wirtschaftliche Besserung. Verlorener Weltkrieg, eine als auferlegt empfundene Kriegsschuld, Reparationsbelastungen, Hyperinflation, Weltwirtschaftskrise und

Massenarbeitslosigkeit setzte den Menschen zu. Die Nationalsozialisten ihrerseits waren jung, geprägt vom Fronterlebnis des Weltkrieges, gewaltbereit, roh, ungebärdet und laut. Und Adolf Hitlers „Mein Kampf" gehörte zu einem der wohl stark verbreiteten, aber nicht gelesenen und in der Konsequenz verstandenen Bücher.

Kein Vorzeigeort der NS-Bewegung

Die NSDAP hatte es in Kelsterbach nicht leicht. Aber die Arbeitslosigkeit in der Glanzstoff AG und die Hoffnungslosigkeit bei den Kelsterbachern sorgte dafür, dass sich die NSDAP relativ geräuschlos nach der Machtübernahme ausbreiten konnte.[17] Die bisherige Einsicht der vorhandenen Quellen legt den Schluss nahe, dass eine kleine Gruppe die Macht auf sich transferierten konnte, während die Kelsterbacher Mehrheit indifferent blieb. Ein Teil der Bevölkerung blieb zwar ablehnend, hoffte aber zugleich auf einen wirtschaftlichen Aufschwung.

Eine kleine Anekdote wirft ein besonderes Licht auf Kelsterbach. Am 16. Juni 1934 versuchte der NS-Gemeinderat, einen Teil der Mainzer Straße in Knobloch-Straße umzubenennen, nach einem Kelsterbacher NS-Jugendführer. Der zweite Teil der Mainzer Straße aber sollte zur Adolf-Hitler-Straße werden. Aus den Protokollen des Gemeinderats geht nur ein lapidares „abgelehnt" hervor. Viele Straßen im Reich wurden nach Hitler und weiteren NS-Größen benannt, Kelsterbach blieb das verwehrt. Warum? Es ist anzunehmen, dass sowohl die Kreisleitung in Groß-Gerau, als auch Gauleiter Jakob Sprenger und Weitere es für unangemessen hielten, dass das einst „rote marxistische Kelsterbach" eine Straße nach Hitler benennen würde. Hinzu kamen Querelen um eine brutal agierende Ortsgruppenleitung sowie Mäkeleien wegen des Wegfalls von Kelsterbacher Gemarkung für den Flughafenbau im Stadtwald, mit dem sich Sprenger wohl auch bei Hitler profilieren wollte. Kelsterbach, das war und blieb für die Nationalsozialisten ein Ort der Roten, Querulanten, Meckerer, Aufmüpfigen. Kein Vorzeigeort der NS-Bewegung.

In der Glanzstoff AG hielt sich der informelle Widerstand bis 1935 durch die Flugschrift „Die rote Spinne", dann klappte der Widerstand durch Verrat und Verhaftungen zusammen. Zum aktiven Widerstand gehörten der

---

17 SA Kel.

Sozialdemokrat Wendelin Scherer (geb. 1897), der nach 1945 als Bürgermeister amtierte und der Kommunist Johann Spahn, der nach dem Weltkrieg als Stadtrat tätig war.

Jürgen W. Falter resümiert, dass die NSDAP einen großen Rückhalt in der ganzen deutschen Gesellschaft hatte. „Sie war männlich und jung, familiär gebunden, vor allem evangelisch, kam aus allen Berufen und sozialen Schichten und hatte einen großen Rückhalt im Volk".[18] Der 30. Januar 1933 war kein „Betriebsunfall", wie es folgerichtig Fritz Fischer formulierte, er hatte vielfältige Gründe und führte in den Abgrund. Die Demokratie von Weimar war indes von Anfang an nicht zum Scheitern verurteilt. Sie hatte aber mit ungeheuren Belastungen zu kämpfen.

---

18   FALTER: Parteigenossen, S. 173 ff.

CARSTEN PARRÉ

Der „Büdinger Allgemeine Anzeiger" 1933. Eine Regionalzeitung offenbart Büdingens willfährigen Marsch in die NS-Diktatur

Die im hessischen Wetteraukreis gelegene Stadt Büdingen war 1933 die „Hauptstadt" eines nach ihr benannten Landkreises,[1] der zur agrarisch geprägten Provinz Oberhessen gehörte. Diese Provinz wiederum machte 42,7 Prozent der Fläche, aber nur 24,3 Prozent der Einwohnerzahl des 1918/19 konstituierten Volksstaates Hessen aus.[2] Der vorliegende Beitrag zeichnet die „Machtergreifung" in Büdingen nach. Der Fokus richtet sich dabei allerdings nicht auf den Gesamtkreis, sondern ausschließlich auf die damalige Kreisstadt mit ihren rund 3.750 Einwohnerinnen und Einwohnern.[3] Der Untersuchungszeitraum erstreckt sich zudem allein auf die Monate Januar bis Mai 1933, da im Mai dieses Jahres die „Machtergreifung" in Büdingen bereits vollendet war.

Die Lokalzeitung als ambivalente Quelle

Die chronologische Nachzeichnung und Erforschung der „Machtergreifung" in der Kreisstadt Büdingen ist kein leichtes Unterfangen. Denn als Ende März 1945 die US-Army in Büdingen einmarschierte, ließ der NSDAP-

---

1   Zur Bildung des von 1852 bis 1972 existierenden Landkreises Büdingen siehe: Verordnung, die Eintheilung des Großherzogthums in Kreise betreffend. In: Großherzoglich Hessisches Regierungsblatt 30. Darmstadt am 20. Mai 1852, S. 224–228, hier S. 226. Zum Erlöschen des Kreises Büdingen und der Neuformierung des Wetteraukreises, zu dessen Kreisstadt Friedberg auserkoren wurde, siehe: Carsten PARRÉ: Büdingen im Lichte der kommunalen Gebietsreform. Die Entwicklung der ehemaligen Kreisstadt in den Jahren von 1972 bis 2022. In: Büdingen – 50 Jahre Großgemeinde. Hg. v. Magistrat der Stadt Büdingen. Büdingen 2023, S. 7–14, hier S. 7.
2   Jörg-Peter JATHO: Zur Durchsetzung des Nationalsozialismus in der Provinz Oberhessen – unter besonderer Berücksichtigung der Stadt Gießen. In: Hessen unterm Hakenkreuz. Studien zur Durchsetzung der NSDAP in Hessen. Hg. v. Eike HENNIG. Frankfurt am Main 1983, S. 180–198, hier S. 180.
3   Am 16. Juni 1933 wohnten in der Kreisstadt Büdingen 3.748 Personen: Mitteilungen des Hessischen Landesstatistischen Amtes 1 (1934), S. 10. Das gewählte „pars pro toto" ist vertretbar angesichts der Tatsache, dass sich der „Marsch in die NS-Diktatur" im gesamten Kreis Büdingen analog abspielte.

Kreisleiter Fritz Fuchs noch rasch sämtliche Akten verbrennen,[4] und nach dem Krieg scheint in Büdingen eine „Schweigekultur" gepflegt worden zu sein. Es erweckt den Anschein, als hätte ein Großteil der Einwohnerschaft den Wunsch gehegt, die Jahre der NS-Diktatur schnell hinter sich zu lassen, und zweifellos schämten sich auch nicht wenige für die unsäglichen Gräueltaten der NS-Zeit.

Angesichts der beschriebenen Quellenarmut lag der Griff zu einem im Büdinger Stadtarchiv noch vorliegenden Zeugnis nahe, das eine vorzügliche, zugleich aber mit Vorsicht zu genießende Quelle darstellt: die damalige Lokalzeitung, der „Büdinger Allgemeine Anzeiger" (BAA).[5] Dessen Ambivalenz als historische Quelle liegt primär darin begründet, dass er im März 1933 offensichtlich gleichgeschaltet wurde. Er darf also nur mit kritischem Blick herangezogen werden; seine Berichterstattung war propagandistisch verzerrt, verbrämend, sicherlich nicht immer wahrheitsgetreu. An mancher Stelle wurden Details zum situativen Kontext weggelassen – und vor allen Dingen wurden mitunter Meldungen ausgespart, die der Sache der Nationalsozialisten nicht dienlich gewesen wären oder die schon früh unmissverständlich die inhumanen, widerwärtigen Erscheinungsformen der NS-Ideologie aufgezeigt hätten.[6]

Büdingen in den Jahren vor der „Machtergreifung"

Büdingen war – wie die gesamte Provinz Oberhessen – landwirtschaftlich sowie vom Handwerk und Kleingewerbe geprägt.[7] Politisch gab es in den oberhessischen Kreisen und auch in Büdingen eine gewisse „rote"

---

4   Volkmar STEIN: Büdingen. Ein Versuch zur Geschichte der Stadt. Büdingen 2011, S. 489 f. Der aus Bad Soden am Taunus stammende Fuchs (1894–1977), der aus Büdingen floh, war nach eigenen Angaben am 23. März 1945 zum Büdinger Kreisleiter ernannt worden: Hessisches Hauptstaatsarchiv Wiesbaden (HHStAW), Bestand 520/05 Nr. 30271 (Spruchkammerakte Fritz Fuchs).

5   Für die Untersuchung stand nicht der originale Jahresband des BAA zur Verfügung, sondern eine Sammlung an Kopien (abgeheftet in zwei Aktenordnern).

6   So schwieg die Zeitung beispielsweise über die ersten Übergriffe von Nationalsozialisten gegen Büdinger Juden, die sich schon in der Nacht vom 15. auf den 16. März 1933 ereigneten: Willi LUH: Zur Geschichte und Kultur der Juden in Büdingen. Erinnerung an die jüdischen Büdinger. Büdingen 2013, S. 51–63, 78–80; Stadtarchiv Büdingen (StB), (A) A01-XVIII/1 und 2, 2 – Unruhen (1933); Ebd., Tumultschäden (1933); Büdinger Zeitung. Heimatzeitung für den Landkreis Büdingen, 7. Oktober 1949, S. 3.

7   Am 16. Juni 1933 waren 770 Personen in Land- und Forstwirtschaft, 893 Personen in Handwerk und Industrie sowie 646 Personen im Handel und Verkehr beschäftigt: Mitteilungen des Hessischen Landesstatistischen Amtes, S. 10.

Tradition:[8] Am 31. Januar 1926 hatten die Büdinger mit 64,4 Prozent der gültigen Stimmen den SPD-Mann Georg Hildner zum Bürgermeister gewählt, und auch dessen Beigeordneter Wilhelm Pebler, der Rektor der Büdinger Volksschule, besaß das SPD-Parteibuch.[9] Nur wenige Wochen nach dem „Schwarzen Freitag" an der New Yorker Börse änderten sich jedoch im Zuge der Gemeinderatswahl am 17. November 1929 in Büdingen die Machtverhältnisse. Die Kandidaten der „Bürgerliste" errangen die Mehrheit von neun Sitzen, wohingegen sich die SPD fortan mit nur noch fünf Sitzen begnügen musste.[10]

Die Weltwirtschaftskrise mit ihren Auswirkungen – 1931 über fünf Millionen Arbeitslose im Deutschen Reich, Anfang 1933 bereits sechs Millionen –[11] traf auch die Provinz Oberhessen. Hier machte den Menschen allerdings noch eine weitere Krise zu schaffen, denn schon seit 1924 hatte eine sich stetig verschärfende reichsweite Agrarkrise insbesondere die Landbevölkerung schwer getroffen. Diese Krise trieb Anfang 1928 viele verzweifelte Bauern auf die Straßen, und gerade auch in Oberhessen litten große Teile der Bevölkerung unter ihren Folgen. Klein- und Mittelbauern radikalisierten sich.[12] Die Agrar- und die Weltwirtschaftskrise schufen einen idealen Nährboden für die Parolen und Verheißungen der NSDAP, zumal in Büdingen. Hier ging es allzu vielen Menschen wirtschaftlich schlecht, viele litten Not[13] und sehnten *irgendwelche* Veränderungen herbei.

---

8 Die NS-Broschüre „Oberhessen marschiert. Ein Bildbericht über den Stand der nat.-soz. Bewegung Oberhessens" (Gießen 1932) betont, wie „rot" die sechs oberhessischen Kreise (Alsfeld, Büdingen, Friedberg, Gießen, Lauterbach, Schotten) 1930 noch gewesen seien: Jatho: Zur Durchsetzung, S. 197 (Anm. 7).

9 StB, (A)A01-XV/2a, 1a – Bürgermeisterwahl zu Büdingen (1925, 1926); StB, (A)A01-XV/2a, 2a – Beigeordnetenwahl zu Büdingen (1926). Pebler wurde am 18. April 1926 gewählt und erlangte dabei trotz elf Gegenkandidaten 53,9 Prozent der Wahlstimmen. Vgl. auch: Stein: Büdingen, S. 420–422.

10 StB, (A)A01-XV/2b, 5a – Gemeinderatswahl zu Büdingen (1929); Stein: Büdingen, S. 423–425.

11 Walter Mühlhausen: Das Weimar-Experiment. Die erste deutsche Demokratie 1918–1933. Bonn 2019, S. 155–159; Tobias Straumann: 1931. Die Finanzkrise und Hitlers Aufstieg. Darmstadt 2020, S. 200–212; Ulrich Herbert: Das Dritte Reich. Geschichte einer Diktatur. 3. Auflage München 2018, S. 26 f.

12 Michael Strecker: Warum war die Hitlerbewegung in unseren Dörfern bei freien Wahlen so erfolgreich? Ranstadt, Dauernheim und Ober-Mockstadt von 1918 bis 1933. Friedberg 2012 (= Wetterauer Geschichtsblätter. Beiträge zur Geschichte und Landeskunde 60), S. 96–101; Jatho: Zur Durchsetzung, S. 180, 194.

13 Dies belegt zum Beispiel ein „Aufruf zur Winterhilfe", ein Aufruf zu Spenden, die „Familien, die nach jahrelanger Erwerbslosigkeit mit der größten Not kämpfen", dabei helfen sollten, die strengen Wintertage zu bewältigen: Büdinger Allgemeiner Anzeiger mit Amtsverkündigungsblatt für den Kreis Büdingen (BAA), 28. Januar 1933, S. 8.

Abb. 1:
Auf dem Büdinger Marktplatz demonstrieren Arbeiter mit ihren Familien für „Arbeit und Brot", um 1931. Beteiligt ist auch die der KPD nahestehende „Internationale Arbeiterhilfe"
(Stadtarchiv Büdingen, [E]4 – Fotos – Verschiedenes A-F, 4F/10b/1189).

Dieses sozioökonomische Klima bescherte der NSDAP in Büdingen und Oberhessen schon vor 1933 einen hohen Wählerzulauf, obwohl der NS-Organisations- und Propagandaapparat in dieser Provinz unterentwickelt war.[14] Bei den Reichstagswahlen am 14. September 1930, am 31. Juli 1932 sowie am 6. November 1932 errang die NSDAP in der Kreisstadt Büdingen 21,5 Prozent (im Reich: 19,3 Prozent), 55,6 Prozent (im Reich: 37,4 Prozent) sowie 50,9 Prozent (im Reich: 33,1 Prozent) der Stimmen.[15] Für die vor der Tür stehende „Machtergreifung" war der Büdinger Boden dementsprechend bestens bereitet.

---

14   Jatho: Zur Durchsetzung, S. 181 f., 194.
15   StB, (A)A01-III/1 – Reichstagswahl, 14.09.1930; Ebd., Reichstagswahl, 31.07.1932; Ebd., Reichstagswahl, 06.11.1932; BAA, 2. August 1932, S. 2; BAA, 8. November 1932, S. 3. Die reichsweiten Zahlen sind entnommen aus: Hans-Ulrich Thamer: Die NSDAP. Von der Gründung bis zum Ende des Dritten Reiches. München 2020, Frontispiz. Bei der Reichstagswahl am 20. Mai 1928 hatte der prozentuale Stimmenanteil der NSDAP in der Stadt Büdingen noch bei lediglich 1,1 Prozent gelegen (gegenüber 2,6 Prozent im Reich): StB, (A) A01-III/1 – Reichstagswahl, 20.05.1928; BAA, 22. Mai 1928, S. 1. Siehe zusammenfassend auch: Stein: Büdingen, S. 425 f.

Januar 1933: Relativer Ruhe folgen erste Stürme

Trotz der NSDAP-Wahlerfolge 1932 war die Berichterstattung im BAA An-fang 1933 noch nicht völlig einseitig. Es war durchaus ein Rest an Plurali-tät gegeben, was insbesondere durch die Rubrik „Aus den Parteien" zum Ausdruck kam. Hier veröffentlichten die politischen Parteien Meldungen und Hinweise.

Die Berichterstattung im Januar 1933 war geprägt von Klagen über die große Not der Bevölkerung und über die hohe Arbeitslosigkeit. Diese drän-genden Belastungen kamen unter anderem in Leserzuschriften in Form von Gedichten zum Ausdruck. Für den Januar kann konstatiert werden, dass hierbei mehrfach Gott als Hoffnungsträger apostrophiert wurde, Hit-ler dagegen nur ein einziges Mal.[16]

Obwohl die NSDAP im BAA im Vergleich zu den anderen Parteien bereits deutlich präsenter war, spielte sie in der Büdinger Realpolitik noch nicht die Hauptrolle: Als der Gemeinderat am 19. Januar zu einer Sitzung zusam-mentrat, auf der offenbar die pragmatische Sacharbeit im Vordergrund stand, nahm der Rat keine Bezüge zur NSDAP oder anderen Parteien.[17]

Am 23. Januar fand in Büdingen eine Kundgebung des „Hessischen Land-bundes" statt, aus Anlass der „Verelendung des deutschen Bauernstandes". Sie fand aufgrund ihrer Größe ein gleich zweifaches Echo im BAA. Die Red-ner übten Kritik an der Reichsregierung. Bei einem sich anschließenden Demonstrationszug mit über 1.000 Teilnehmern wurde das Horst-Wessel-Lied gesungen. Am Ende des Tages stand das Postulat, dass „die gesamte Bauernschaft hinter Adolf Hitler steht".[18]

---

16 Lyrische Beiträge erfreuten sich damals großer Beliebtheit (sowohl in der Zeitung als auch bei Publikumsveranstaltungen). Zwei entsprechende Neujahrsgedichte erschienen in der BAA-Ausgabe vom 1. Januar 1933 (u.a. mit den Versen „Groß ist die Not im Vater-lande … / Wird's besser sein im neuen Jahr? […] Bringt Arbeit es dem deutschen Volke / Und seinen Kindern wieder Brot? […] Der Höchste nur weiß es allein […]"), ein weite-res am 12. Januar. Am 26. Januar wurde dann das Gedicht „An die andern" abgedruckt, das die grassierende Not beklagt, den „liberalen Bürgerbrei" der Ignoranz und Prasserei bezichtigt und zwecks Änderung dieser Verhältnisse die Errichtung des „Deutschen Hit-lerreichs" ankündigt.

17 BAA, 21. Januar 1933, S. 2; StB, Gemeinderatsprotokolle 1931–1933, Sitzung vom 19. Ja-nuar 1933.

18 BAA, 26. Januar 1933, S. 3. Im traditionell republikfeindlichen, antimarxistischen, antise-mitischen „Landbund" war die klein- und mittelständische Bauernschaft fast vollständig organisiert. Er hatte gegen den aufs Land ausgreifenden Nationalsozialismus aus Sorge um seine eigenen Pfründen starken Widerstand geleistet, war aber der NSDAP letztlich unterlegen und im Januar 1933 bereits von dieser unterwandert: Wolfgang EGERER: Die Entwicklung des Nationalsozialismus im Kreis Friedberg und seine Beziehungen zu den bäuerlichen Organisationen. In: Hessen unterm Hakenkreuz, S. 199–222, passim, insbes. S. 199–201, 210–219.

Die Ernennung Hitlers zum Reichskanzler am 30. Januar markierte eine Zeitenwende – auch in Büdingen. Sie läutete eine ungeheure Aktivität der NSDAP-Ortsgruppe ein, der es gelang, schon am 31. Januar eine Kundgebung zu Ehren des Reichskanzlers und des Reichspräsidenten zu organisieren. Die „Kolonnen der Braunhemden" marschierten „aus allen Richtungen" in Büdingen ein, wo etwa 800 NS-Leute (SA-Sturmbann, SS und andere) einen Fackelzug durch die Straßen unternahmen. Im Anschluss sprach auf dem Marktplatz NSDAP-Kreisleiter Dr. Löffler. Er verkündete, „daß der größte Teil der Bevölkerung des Kreises Büdingen hinter dem großen Führer" stehe. Die Parteigenossen des Sturmbannbezirkes IV/222 Büdingen/Oberhessen schrieben: „Diesen historischen Augenblick, den außer den marschierenden Sturmkolonnen tausende Menschen miterlebten, wird man in Büdingen nie vergessen".[19]

Februar 1933: „… es wird noch lichter werden"

Die NSDAP-Ortsgruppe setzte ihre Propagandamaßnahmen ohne Pause fort: Am 1. Februar 1933 machten in der Stadt Trommelwirbel und Sprechchöre auf eine Hitlerrede im Rundfunk aufmerksam,[20] und für den 9. Februar wurde eine Mitgliederversammlung im „Hirschgraben" einberufen.[21] Im BAA wurden Hitler und die NSDAP omnipräsent, der Duktus wandelte sich, wurde rauer. In Gedichtbeiträgen wurde nun der neue Reichskanzler zur Hoffnungsfigur, Gottesbezüge verschwanden dagegen fast völlig.[22]

Noch aber waren im BAA auch andere (politische) Meinungen und Wortmeldungen möglich: So berichtete die Deutsche Volkspartei (DVP) über ihren Familienabend, der am 30. Januar stattgefunden und „sich eines sehr guten Besuches" erfreut hatte, und am 9. Februar wurde über die 120-Jahr-Feier des lokalen israelitischen Wohltätigkeitsvereins unterrichtet. Das Fest war am 4. Februar im Fürstenhof zelebriert worden – der in der Folgezeit zur bevorzugten Stätte öffentlicher NSDAP-Veranstaltungen werden sollte.

19 BAA, 2. Februar 1933, S. 8.
20 BAA, 4. Februar 1933, S. 3. Das gemeinschaftliche Hören von Hitlerreden oder von anderen nationalsozialistischen Beiträgen im Radio sollte an die „Volksgemeinschaft" appellieren bzw. diese festigen und zugleich auch Möglichkeiten einer sozialen Kontrolle eröffnen: Muriel FAVRE: Rundfunkereignisse im Dritten Reich (1933–1939). Fallstudie und Erfahrungsbericht. In: Geschichte in Wissenschaft und Unterricht 66 (2015) H. 11/12, S. 663–680.
21 BAA, 9. Februar 1933, S. 4.
22 BAA, 4. Februar 1933, S. 7; BAA, 7. Februar 1933, S. 8; BAA, 16. Februar 1933, S. 7; BAA, 18. Februar 1933, S. 12; BAA, 28. Februar 1933, S. 3.

Die Feiernden waren „bis lange nach Mitternacht in froher Stimmung beisammen" geblieben.[23]

Am 12. Februar kam es zu einer kommunistischen Kundgebung auf dem Marktplatz, die in einen Demonstrationszug mit rund 150 Personen mündete.[24] Am 18. Februar wurde eine Rede des Bürgermeisters Emil Diemer abgedruckt, der auf einer Versammlung des Ortsgewerbevereins dargelegt hatte, mit welchen Maßnahmen der Gemeinderat die Handwerker und Gewerbetreibenden durch die schwere Zeit bringen wollte. Dabei nahm Diemer keinerlei Bezug auf Hitler oder Parteien.[25]

Das deutliche Gros der Meldungen im BAA drehte sich jedoch nunmehr um NS-Veranstaltungen, die an der Zahl deutlich zunahmen und die einen regen Zulauf erlebten. Am 18. Februar fand etwa ein „Deutscher Abend" der Ortsgruppe in den Fürstenhofsälen statt. In der Vorankündigung fielen Sätze, die aufmerksamen Beobachtern ein Warnsignal hätten sein müssen: „Es wird auch für die, die seither abseitsgestanden haben, allmählich Zeit, sich mit unseren Ideen, mit unsrem Wollen vertraut zu machen. […] Und es wird noch lichter werden in den Gehirnen unserer Volksgenossen! Dafür wird schon gesorgt werden".[26]

Schon am 22. Februar fand die nächste öffentliche NS-Versammlung statt, erneut im voll besetzten Fürstenhofsaal. Alfred Klostermann, NSDAP-Kreisleiter und Mitglied des Landtags des Volksstaates Hessen, sprach darüber, ob „Deutschland im Blutrausch des Bolschewismus untergehen" solle oder nicht. Er wollte den Bauern und Arbeitern Hitlers Versprechungen schmackhaft machen und agitierte heftig gegen die Weimarer Republik.[27] Zeitgleich sprach im Büdinger Schloss MdR Dr. Hans Brunow (DNVP) vor „weit über 100 geladenen Gästen aller Stände" über „die Notwendig-

---

23 BAA, 7. Februar 1933, S. 8 („Aus den Parteien"); BAA, 9. Februar 1933, S. 3.
24 BAA, 14. Februar 1933, S. 8.
25 BAA, 18. Februar 1933, S. 2 f.
26 BAA, 16. Februar 1933, S. 4 (Annonce), 8 (Ankündigung); BAA, 18. Februar 1933, S. 4 (Annonce). Bei der Veranstaltung wehte eine Hakenkreuzfahne vom Fürstenhof herunter, das Haus war voll belegt, mehrere NSDAP-Mitglieder, darunter MdL Wilhelm Haug (1904–1940), hielten Wahlkampfreden über NS-Ideologie und NS-Ziele, Gedichte wurden vorgetragen, und der Dreiakter „Rettung" wurde aufgeführt: BAA, 21. Februar 1933, S. 3.
27 BAA, 21. Februar 1933, S. 3 (Ankündigung), 4 (Annonce); BAA, 23. Februar 1933, S. 8 (Vorbericht); BAA, 25. Februar 1933, S. 8 (Bericht).

keit, Schwarz-weiß-rot […] zu wählen", das am 11. Februar geschlossene Wahlbündnis von DNVP und Stahlhelm.[28]

Auch die SPD rüstete sich für die Reichstagswahl und machte auf ihre für den 2. März geplante Wahlkampfveranstaltung aufmerksam, die im unteren Rathaussaal abgehalten werden sollte. In der Ankündigung verteidigte sich die SPD gegen verbale Angriffe und übte erbitterte Kritik am politischen Gegner: „Notverordnungen, Zeitungsverbote, Rundfunkreden, Unterdrückung der freien Meinungsäußerung sind die äußeren Zeichen der Tätigkeit der sogenannten nationalen Parteien".[29] Solch eine unverhohlene Opposition war also hier noch möglich.

März 1933: Die NSDAP erringt in Büdingen 61,6 Prozent

Die Dynamik tiefgreifender politisch-sozialer, demokratiefeindlicher Veränderungen und Taten nahm in der Endphase des Wahlkampfs für die Reichstagswahl am 5. März 1933 und vor allem nach der Wahl noch einmal gravierend zu. Es kam zu Übergriffen auf politische Gegner der NSDAP: Am 1. März warfen Unbekannte beim Büdinger DVP-Vorsitzenden Dr. Otto Keller, der zudem Oberstudiendirektor des Büdinger Wolfgang-Ernst-Gymnasiums war, Fensterscheiben ein. Gleiches widerfuhr dem Studienrat Eidenmüller, ebenfalls DVP-Mitglied.[30] Eine noch größere Zäsur stellte jedoch das dar, was die SPD am 4. März berichtete: Die NSDAP hatte versucht, „durch Terrormaßnahmen" die SPD-Abschlussveranstaltung am 2. März im Rathaus zu stören. „Eine größere Anzahl von uniformierten SA-Leuten, die aus der gesamten Umgegend zusammengezogen waren, umlagerten das Ver-

---

28 BAA, 25. Februar 1933, S. 8. Die Kampffront Schwarz-Weiß-Rot trat nur bei der Reichstagswahl am 5. März an. Das Schloss war ein sinnfälliger Versammlungsort, wurde doch „Frau Fürstin" in einem Leserbrief am 25. April 1933 als „Leiterin der Ortsgruppe" der DNVP genannt: BAA, 25. April 1933, S. 8.

29 BAA, 28. Februar 1933, S. 3 („Aus den Parteien"), 4 (Annonce).

30 BAA, 4. März 1933, S. 2. Die NSDAP-Ortsgruppe leugnete die Tat und schrieb sie Kommunisten zu: Ebd., S. 3. Dr. Keller (1879–1947) saß von 1924 bis 1931 für die DVP im Landtag und war von 1928 bis 1931 auch Vorsitzender seiner Landtagsfraktion: Jochen Lengemann: MdL Hessen. 1808–1996. Biographischer Index. Marburg 1996 (= Veröffentlichungen der Historischen Kommission für Hessen 48, 7 = Politische und Parlamentarische Geschichte des Landes Hessen 14), S. 209. Er wurde im April 1933 zum Studienrat degradiert und nach Darmstadt versetzt, kam nach dem Krieg als Direktor an das Büdinger Gymnasium zurück, starb aber schon 1947: Nachruf Dr. Otto Keller. In: Mitteilungen der Hessischen Familiengeschichtlichen Vereinigung 8 (Februar 1948) H. 1, S. 4 f.

sammlungslokal und die Zugangsstraßen". Die Veranstaltung wurde aber trotz der Einschüchterungsaktionen durchgeführt.[31]

Die NSDAP lud ebenfalls zu einer Wahlversammlung ins Rathaus, und zwar am 3. März. Im voll besetzten unteren Saal hetzte Parteigenosse Zehfuß gegen „14 Jahre Weimar", Marxismus und Juden.[32] Im Fürstenhof kam zeitgleich die Kampffront Schwarz-Weiß-Rot zu ihrer Abschlussveranstaltung zusammen.[33]

In der letzten Ausgabe des BAA vor der Wahl rührten die größeren Parteien noch einmal mithilfe von Annoncen die Werbetrommel.[34] Die NSDAP rief dazu auf, am Vorabend der Wahl den „Tag der erwachenden Nation" zu feiern. Bei selbigem zog dann ein „großer Zug von SA-Leuten und Angehörigen aller Bevölkerungsschichten" durch Büdingens Straßen, eine Kapelle spielte Märsche, der Ruf „Deutschland erwache" und das Horst-Wessel-Lied erklangen mehrfach. Viele hunderte Zuschauer wohnten dem Schauspiel bei.[35]

Abb. 2:
NS-Märsche in Büdingen starteten meistens auf dem Marktplatz und führten durch das Jerusalemer Tor in die Vorstadt (Stadtarchiv Büdingen, [E]4 – Fotos – Straßen/Häuser, Untertor, 4F/10/1704 [undatiert]).

31 BAA, 4. März 1933, S. 3 („Aus den Parteien").
32 BAA, 2. März 1933, S. 8 (Ankündigung, Annonce); BAA, 4. März 1933, S. 3 („Aus den Parteien"), 4 (Annonce, fälschlicherweise einen Tag *nach* der Veranstaltung abgedruckt); BAA, 7. März 1933, S. 8 („Aus den Parteien").
33 BAA, 28. Februar 1933, S. 4 (Annonce). Zu dieser Versammlung erschien im BAA kein Nachbericht.
34 BAA, 4. März 1933, S. 4 (DVP, Kampffront Schwarz-Weiß-Rot, SPD), 8 (DVP).
35 BAA, 7. März 1933, S. 8.

Das Spektakel fand offensichtlich bei vielen Büdingerinnen und Büdingern Anklang, denn bei der Reichstagswahl am 5. März erreichte die NSDAP 61,6 Prozent der gültigen Stimmen.[36] Dieser Wahlausgang wurde zum Antriebsmotor für weitere, ungezügelte Aktionen der NSDAP in Büdingen.

Auf Befehl des Reichskommissars für Hessen, Dr. Heinrich Müller, wurde noch vor dem Flaggenerlass[37] des Reichspräsidenten Paul von Hindenburg die Hakenkreuzfahne an zahlreichen öffentlichen Büdinger Gebäuden gehisst, erstmals am 8. März.[38] Am Gymnasium kam es dabei zu körperlichen Übergriffen gegen Direktor Keller, der die Aktion an seinem Schulgebäude zu verhindern suchte.[39]

Der BAA wurde augenscheinlich schon wenige Tage nach der Wahl gleichgeschaltet. Die Rubrik „Aus den Parteien" erschien ab dem 11. März nicht mehr.[40] Sie wurde obsolet, da nun außer der NSDAP keine andere Partei mehr positive Erwähnung fand.

Am 11. März kam Reichskommissar Dr. Müller nach Büdingen, wo er unter „gewaltiger Beteiligung der hiesigen Bevölkerung die Verpflichtung der Freiwilligen nationalen Hilfspolizei" vornahm. 200 SA- und SS-Angehörige aus dem Kreis leisteten den Eid. Am selben Tag feierte auch das Arbeitslager Thiergarten „die neue Zeit". Unter Teilnahme einer Volksmenge wurde im Lager eine Hakenkreuzfahne gehisst.[41]

Am 15. März erfuhr der Justizobersekretär Philipp Glenz, Vorsitzender der SPD und der Eisernen Front in Stadt und Kreis sowie SPD-Landtagsabgeordneter, dass er verhaftet werden sollte. Er floh nach Frankfurt am Main, wurde dort aber ohne Angabe von Gründen in „Schutzhaft" genommen.

---

36 StB, (A)A01-III/1, 3 – Reichstagswahl, 05.03.1933. Reichsweit verpasste die NSDAP mit „nur" 43,9 Prozent der Stimmen die absolute Mehrheit: THAMER: Die NSDAP, Frontispiz.

37 Reichsgesetzblatt. Teil I, 21 (1933), S. 103. Der Erlass vom 12. März gab vor, dass ab dem 13. März die schwarz-weiß-rote Fahne und die Hakenkreuzflagge gemeinsam zu hissen seien. Nur militärische Gebäude waren hiervon ausgenommen, dort sollte allein die Reichskriegsflagge wehen.

38 BAA, 9. März 1933, S. 4; BAA, 11. März 1933, S. 8. Dr. Müller (1896–1945) war am 6. März zum Reichskommissar ernannt worden. 1931 bis 1933 war er NSDAP-Abgeordneter im hessischen Landtag, noch im März 1933 wurde er für kurze Zeit Staatsminister für Inneres, Justiz und Finanzen und im Mai 1933 Oberbürgermeister von Darmstadt. Viele hohe Ämter sollten folgen, bevor Müller angesichts des Einmarsches der Roten Armee im April 1945 in Potsdam gemeinsam mit seiner Familie in den Freitod ging: LENGEMANN: MdL Hessen, S. 271 f.; Hermann A. DOMMACH u. Eckhart G. FRANZ: Artikel „Müller, Heinrich". In: Neue Deutsche Biographie 18 (1997), S. 406 f.

39 BAA, 9. März 1933, S. 4; STEIN: Büdingen, S. 428–430.

40 Sie hatte im Übrigen aber schon am 28. Februar 1933 letztmals einer anderen Partei als der NSDAP als Forum gedient. In den Ausgaben vom 4. und 7. März (der BAA erschien nicht täglich) hatte die Rubrik im Übrigen eine Zusatzbemerkung erhalten: „Für Form und Inhalt aller unter diesen Rubriken stehenden Artikel übernimmt die Redaktion dem Publikum gegenüber keinerlei Verantwortung".

41 BAA, 14. März 1933, S. 8.

Fast zeitgleich verlor er durch Kündigung sowohl seine Wohnung als auch seine Arbeitsstelle.[42]

Die Schlagzahl der NSDAP-Veranstaltungen blieb hoch. Am 18. März wurde eine „aus Anlaß der nationalen Erhebung" angeordnete programmreiche Feier der Büdinger Volks- und Gewerbeschule im Fürstenhof abgehalten, die im Gymnasium ihren Anfang nahm. Direktor Keller musste eine „kurze Ansprache" halten, bevor ein Studienassessor „im braunen Ehrenkleid eine begeisterte und besonders die Jugend begeisternde Rede" hielt.[43]

Am 21. März fand in Büdingen eine Parallelveranstaltung zum „Tag von Potsdam" statt. Zahllose Häuser wurden mit Fahnen geschmückt. Um 20 Uhr kam eine gewaltige Menge aus SA, SS, HJ, Vereinen, der Orchestervereinigung, der Feuerwehr, aus Gymnasiasten und Behördenvertretern auf dem Schlossplatz zusammen und trat einen 650 Meter langen Fackelzug an. Auf den Hängen rund um Büdingen brannten Freudenfeuer. Im Anschluss an den Fackelzug wurden auf dem Marktplatz und im Fürstenhof Reden gehalten, ein Huldigungstelegramm an Hitler wurde verlesen, und das Horst-Wessel-Lied sowie das Deutschlandlied erklangen aus hunderten Kehlen.[44]

Die NSDAP-Ortsgruppe blieb rührig und organisierte am 30. März einen „Werbe- und Elternabend" für HJ, Jungvolk und BDM im Fürstenhof. In einem Vorbericht wurden unmissverständliche Parolen ausgegeben: Die Jugend könne „nicht früh genug in das Fahrwasser rein nationalen Denkens und Fühlens gebracht werden", und Eltern sollten ihre Kinder „schicken", um bei der Verwirklichung des „Dritten Reiches" „mitzudienen". So verstörend diese Worte auch klingen, sie schreckten viele Eltern offenbar nicht ab. Der Abend, der ein reichhaltiges Programm und mehrere Redebeiträge bot, fand ein begeistertes Publikum und war für die NSDAP ein voller Erfolg.[45]

Am Folgetag, dem Vorabend des „Abwehrboykotts" gegen jüdische Geschäfte, Anwälte und Ärzte, rotteten sich zahlreiche Nationalsozialisten auf

---

42 BAA, 18. März 1933, S. 2 (Meldung der Wohnungskündigung); BAA, 4. April 1933, S. 8 (Meldung seiner Entlassung aus dem Staatsdienst). Im Zweiten Weltkrieg wurde Glenz an die Front geschickt, wo er 1944 in Italien fiel: Michael BERMEJO: Der Verfolgung ausgesetzt – Hessische Parlamentarier in der NS-Zeit. Biographische Dokumentation zu Abgeordneten der Preußischen Kommunallandtage in Kassel und Wiesbaden und des Landtages des Volksstaats Hessen. Wiesbaden 2016, S. 79–81; LENGEMANN: MdL Hessen, S. 146.

43 BAA, 21. März 1933, S. 8.

44 BAA, 21. März 1933, S. 3 (Annonce der NSDAP-Ortsgruppe), 8 (Annonce der „Arbeitsgemeinschaft Büdinger Vereine"); BAA, 23. März 1933, S. 3 (Bericht).

45 BAA, 25. März 1933, S. 3 (Vorankündigung); BAA, 28. März 1933, S. 4 (Vorbericht, Annonce); BAA, 4. April 1933, S. 8 (Bericht).

dem Büdinger Marktplatz zusammen, um eine „Große Protestkundgebung gegen die jüdische Greuel- und Boykotthetze" abzuhalten.[46]

April 1933: Konsolidierung der „neuen Zeit"

Am 1. April 1933 fand der „Abwehrboykott" statt, und am Abend desselben Tages lud das NS-Kraftfahrkorps zu einem Werbeabend in den Saalbau Schäfer ein. Dort spielte die Orchestervereinigung, und das Korps konnte sich über „zahlreiche Anmeldungen" freuen.[47] Am 11. April kamen die Mitglieder des Ortsgewerbevereins im Fürstenhof zusammen. Der Vorsitzende erklärte, der Verein stehe hinter der neuen Regierung. Zudem forderte er die Anwesenden auf, dem „Kampfbund des gewerblichen Mittelstandes" beizutreten.[48]

Am 20. April wurde Hitlers Geburtstag in Büdingen feierlich begangen.[49] Die beiden Arbeitslager luden vormittags zur feierlichen Kundgebung ein. Nachmittags wurde dann vor dem Kreisamt im Beisein einer großen Zuschauermenge eine Hitlerlinde gepflanzt. Abends kamen SA, SS, HJ, sämtliche Vereine und viele weitere Teilnehmer zu einem Fackelzug zusammen. Anschließend wurden im zum Bersten gefüllten Fürstenhof Musikbeiträge, Reden und Bildervorträge zum Besten gegeben.[50] Hitlers Geburtstag wurde aber auch durch den Gemeinderat „gewürdigt": Er beschloss, gleich vier Ehrenbürgerschaften zu verge-

Abb. 3:
Das Büdinger Stadtwappen mit Hakenkreuz auf dem Umschlagbogen einer Ehrenbürgerurkunde (Stadtarchiv Büdingen, [A] A01-XV/1, 1/4, vgl. Anm. 51).

46 BAA, 1. April 1933, S. 8 (Annonce, fälschlich erst am Tag darauf abgedruckt); BAA, 4. April 1933, S. 8 (Bericht).
47 BAA, 30. März 1933, S. 3 (Annonce); BAA, 1. April 1933, S. 16 (Ankündigung); BAA, 4. April 1933, S. 3 (Bericht). Der oberste Grundsatz des Korps lautete:„Nur der anerkannte Führer hat zu befehlen und sein Gefolge hat zu gehorchen und den Mund zu halten".
48 BAA, 15. April 1933, S. 8. Der Vorsitzende, der Malermeister Ernst Bäppler, sah sich womöglich zu diesen Äußerungen gezwungen, denn er trat nie der NSDAP bei, obwohl er 1946 in einer eidesstattlichen Erklärung zu Protokoll gab, dass die örtliche Parteileitung 1935 ein Rundschreiben an alle Büdinger Behörden herausgegeben habe, laut dem keine Arbeitsaufträge an Handwerksmeister vergeben werden durften, die der Partei nicht angehörten: HHStAW, Bestand 520/04 Nr. 3360 (Spruchkammerakte Emil Diemer).
49 Fünf glühende Hitlergedichte wurden an diesem Tag im BAA abgedruckt: BAA, 20. April 1933, S. 1, 4, 8.
50 BAA, 15. April 1933, S. 8 (zwei Vorberichte); BAA, 20. April 1933, S. 4 (Programm der Feier der Arbeitslager, Annonce NSDAP-Ortsgruppe), 8 (Vorbericht; „Arbeitsgemeinschaft Büdinger Vereine" fordert alle Mitglieder der angeschlossenen Vereine dazu auf, an den Feierlichkeiten teilzunehmen); BAA, 22. April 1933, S. 3 (Bericht); BAA, 29. April 1933, S. 11 (verspäteter Bericht über die Feier der Arbeitslager Thiergarten und Herrnhaag).

ben: an Hitler, Hindenburg, Staatspräsident Dr. Ferdinand Werner und Staatsminister Dr. Heinrich Müller.[51]

Mai 1933: Vollendung der „Machtergreifung" in Büdingen

Der 1. Mai, der „Tag der nationalen Arbeit", wurde 1933 in Büdingen derart groß gefeiert, dass der BAA vermeldete: „Ein Festtag liegt hinter uns, wie ihn Büdingen wohl noch niemals erlebt hat […]". Die Stadt war ein Flaggenmeer, „alle" waren auf den Beinen und beteiligten sich an dem Festzug. Im Vorfeld hatten die NSDAP-Ortsgruppe, die Stadtverwaltung, der Ortsgewerbeverein, die „Arbeitsgemeinschaft Büdinger Vereine" und auch die Büdinger Schulen zur Teilnahme aufgerufen.[52] Zum Programm gehörten „deutsche Tänze", Reden, Spiele und das gemeinsame Lauschen der Hitlerrede im Radio. Der propagandistische Zeitungsbericht behauptet zudem, dass sich „der Dank der Festesfrohen dem Manne gegenüber, der […] aus einem mißhandelten, verzweifelten, zerrissenen Volk wieder eine hoffende Einheit" gemacht habe, „in tausendfältigem ‚Heil Hitler' kündete".[53]

Am Tag darauf wurde im Rathaus der neu zusammengesetzte Gemeinderat vereidigt. Er bestand aufgrund der „Gleichschaltung"[54] fortan aus neun NSDAP-Männern, zwei SPD-Vertretern und einem Mitglied der Kampffront. Die Sitzung verkam zu einer nationalsozialistischen Schauveranstaltung. Der Rathaussaal war reich mit Fahnen geschmückt, darunter Reichs- und Hakenkreuzflaggen an den Säulen, an einem Hitlerbild und an dem Hufeisentisch des Rats. Ein Hakenkreuz aus Glühbirnen war aufgehängt worden. SA- und SS-Leute marschierten ein, der Zuhörerraum füllte sich, der Bürgermeister, der Beigeordnete und die zukünftigen Räte von SPD und der Kampffront nahmen Platz – und erst dann zogen die neun zu vereidigenden NSDAP-Räte „im Braunhemd mit zum Gruß erhobener

51 BAA, 22. April 1933, S. 8; BAA, 25. April 1933, S. 8; StB, (A)A01-XV/1, 1/4 – Ernennung von Hitler, Hindenburg, Werner und Müller zum Ehrenbürger der Stadt Büdingen (1933).
52 BAA, 29. April 1933, S. 3, 8.
53 BAA, 29. April 1933, S. 2 f. (Bekanntgabe der Festfolge der Feierlichkeiten); BAA, 04. Mai 1933, S. 3 (Bericht über die Feier; Bericht über die Festaktivitäten der Gewerbeschule und der gewerblichen Berufsschule).
54 Grundlage war das „Vorläufige Gesetz zur Gleichschaltung der Länder mit dem Reich" vom 31. März 1933 und die dazu ergangene Verordnung des Hessischen Gesamtministeriums vom 6. April 1933: BAA, 11. April 1933, S. 8 (Bekanntmachung des Gemeindewahlkommissars Emil Diemer); StB, (A)A01-XV/2b, 5a – Gemeinderatswahl zu Büdingen aufgrund des Gleichschaltungsgesetzes (1933).

Hand" in den Saal ein. Bürgermeister Diemer, der seit dem 1. Mai Mitglied der NSDAP war, hielt eine Ansprache, gefolgt von einer Rede des NSDAP-Rates Wittekind, der begrüßte, „daß die neue Zeit auch im Rathaus zu Büdingen ihren Einzug gehalten" habe.[55] Es folgte die Vereidigung – und damit war die Sitzung auch schon beendet.[56] So kurz sie war, so bedeutend war sie, setzte sie doch gleichsam den Schlusspunkt unter den Prozess der „Machtergreifung" in Büdingen.

55   HHStAW, Bestand 520/04 Nr. 3360 (Spruchkammerakte Emil Diemer). Prof. Dr. Heinrich Wittekind (1867–1960), der bis zu seiner Ruhestandsversetzung im Jahre 1932 am Wolfgang-Ernst-Gymnasium gelehrt hatte, war in der Zeit der „Machtergreifung" das wohl prominenteste lokale NSDAP-Mitglied. Das Büdinger „Führungspersonal" und die Versammlungsredner der Partei waren allerdings Externe: STEIN: Büdingen, S. 430–435; HHStAW, Bestand 520/16 Nr. 12056 (Spruchkammerakte Heinrich Wittekind). Wittekinds Tochter Hedwig (1896–1949) setzte einen rühmlichen Kontrapunkt zu ihrem Vater, indem sie ein jüdisches Kind vor der Gestapo rettete: Petra BONAVITA: Die Bildhauerin und das Kind. Die wunderbare Rettung eines kleinen jüdischen Mädchens durch Hedwig Wittekind. Stuttgart 2021.
56   BAA, 25. April 1933, S. 8 (Zusammensetzung des neuen Gemeinderats verkündet); BAA, 4. Mai 1933, S. 3 (kurzer Bericht); BAA, 6. Mai 1933, S. 3 (ausführlicher Bericht); StB, Gemeinderatsprotokolle 1931–1933, Sitzung vom 2. Mai 1933.

Kay-Hermann Hörster

„Sie sah die heraufziehende Katastrophe". Annäherung an den Dokumentarfilm „Wahlkampf 1932 (Letzte Wahl)"

An einem Herbsttag im Jahr 1932 filmte die Künstlerin und Dokumentar-
filmerin Ella Bergmann-Michel (1895–1971) mit einer Kinamo-Handkamera aus dem Fenster ihres Ateliers das Geschehen in der Nähe des Eschenheimer Tores in Frankfurt. Was sie aus der Vogelschau festhielt, ist eines der
bedeutendsten Zeitdokumente der „Machtergreifung" in Frankfurt. Die
Szene zeigt den Aufmarsch uniformierter NSDAP-Leute, die unter Marsch-
musik und in Formation durch die belebte Innenstadt ziehen. Ella Bergmann-Michel verarbeitete die Aufnahme in ihrem Dokumentarfilm „Wahlkampf 1932 (Letzte Wahl)", der im Vorfeld der Reichstagswahlen 1932
entstand. Noch während ihrer Dreharbeiten wurden die Filmemacherin
verhaftet und Teile ihres Materials konfisziert. Ein knapp 13-minütiges
Stummfilmfragment ist jedoch erhalten und dokumentiert eindrucksvoll
den Straßenwahlkampf 1932.

In jüngster Zeit wurde der Film „Wahlkampf 1932 (Letzte Wahl)" von der
historischen Forschung und auch von musealer Seite thematisiert.[1] So

---

1   Für den vorliegenden Beitrag wurde die durch das Archiv des Deutschen Filminstitut &
     Filmmuseum Frankfurt zur Verfügung gestellte digitale Version genutzt. Die Rechte lie-
     gen bei Sünke Michel, der Schwiegertochter Ella Bergmann-Michels. Im Rahmen des
     Symposions „90 Jahre ‚Machtergreifung' in der Rhein-Main-Region", das am 2. Februar
     2023 in Aschaffenburg stattfand, wurde der Film ungekürzt gezeigt. Im Anschluss fand
     ein Gespräch über den Film im Kontext von Leben und Wirken der Filmemacherin mit
     Sünke Michel statt. Ihr sei für die hilfreiche Zusammenarbeit und Unterstützung herzlich
     gedankt. 2020 widmete das Zentrum für Kunst und Medien Karlsruhe im Rahmen der
     Ausstellung bauhaus.film.expanded. ein Online-Expert*innengespräch mit den Filme-
     macherinnen und Bergmann-Michel-Expertinnen Jutta Hercher und Maria Hemmleb,
     vgl. https://zkm.de/de/media/video/bauhausfilmdigitallyexpanded-rahmenprogramm-
     ella-bergmann-michel (abgerufen 11.10.2023). 2019 fand im Deutschen Historischen
     Museum eine Vorführung des Films statt, vgl. https://www.dhm.de/zeughauskino/
     vorfuehrung/alle-filme-von-ella-bergmann-michel-5111/ (abgerufen 11.10.2023). We-
     nig später wurde der Film auch im Rahmen der Frankfurter Frauen Film Tage gezeigt, vgl.
     https://www.remake-festival.de/alle-filme-von-ella-bergmann-michel-und-das-
     filmportraet-mein-herz-schlaegt-blau-ella-bergmann-michel/ (abgerufen 11.10.2023).
     Die Filme Ella Bergmann-Michels sind zusammen mit der Dokumentation „Mein Herz
     schlägt blau – Ella Bergmann-Michel" von Jutta Hercher und Maria Hemmleb aus dem
     Jahr 1989 auf DVD erhältlich. Deutsches Filmmuseum: Ella Bergmann-Michel. Die
     dokumentarischen Filme 1931-1933. 2. Auflage Frankfurt a. M. 2010 (= Edition Film-
     museum 9).

nutzte das Historische Museum Frankfurt den Film als szenisches Element in der Sonderausstellung „Eine Stadt macht mit. Frankfurt und der NS".[2] Im Entree der Ausstellung lief der Stummfilm als Großprojektion in Endlosschleife und vermittelte in Verbindung mit einem ausgestellten Paar Marschstiefel einen beklemmenden Eindruck von der gewaltsamen Einnahme des öffentlichen Raums durch die Nationalsozialisten in den Jahren 1932/33.[3]

Ella Bergmann-Michel: eine biografische Skizze

Ella Bergman wurde 1896 in Paderborn geboren. Mit 18 Jahren nahm sie im Kriegsjahr 1914 in Weimar an der von Henry van de Velde (1863–1957) reformerisch geprägten Großherzoglich Sächsischen Hochschule für bildende Künste ihr Studium auf. In der Zeichenklasse von Walther Klemm (1883–1957) lernte sie den aus Vockenhausen (heute Eppstein) im Taunus stammenden Studenten Robert Michel (1897–1983) kennen. 1919 heiratete das Paar, und Ella Bergmann-Michel schrieb sich im Sommersemester in die von Walter Gropius (1883–1969) gegründete Bauhaus-Hochschule ein. Nach Kontakt mit der Künstlergruppe um Johannes Molzahn (1892–1965) ging das Paar auf Distanz zu der neuen Strömung, um in eigenen Ateliers nach selbstständigen Ausdrucksformen zu suchen. In diese Zeit der Selbstbesinnung fiel die Begegnung mit den Dadaisten Johannes Baader (1875–1955) und Kurt Schwitters (1887–1948), mit dem das Paar eine lebenslange Freundschaft verband.

Nach der Geburt des Sohnes Hans siedelten Ella Bergmann-Michel und Robert Michel 1920 nach Vockenhausen und ließen sich in der ehemaligen „Schmelzmühle", einer alten Farbenmühle, die sich im Besitz der Familie von Robert Michel befand, nieder. Das neue Domizil wurde zum Lebens- und Arbeitsmittelpunkt von Ella Bergmann-Michel und Robert Michel. Durch Besuche zahlreicher bedeutender Künstlerkollegen ihrer Zeit wie etwa László Moholy-Nagy (1895–1946), Kurt Schwitters, El Lissitzky (1890–1941) oder Willi Baumeister (1889–1955) wurde die Schmelzmühle zu ei-

2   Benedikt Burkard, Anne Gemeinhardt, Jenny Jung u. Jutta Zwilling: Eine Stadt macht mit. Frankfurt und der NS, Ausstellungskatalog. Frankfurt a. M. 2022 (= Schriften des Historischen Museums Frankfurt 42).

3   Ein virtueller Rundgang durch die Ausstellung hält die Website des Historischen Museums bereit: https://historisches-museum-frankfurt.de/eine-stadt-macht-mit/online (abgerufen 12.10.2023).

nem Treffpunkt der Avantgarde.[4] Einflüsse der Moderne prägten die künstlerische Entwicklung Ella Bergmann-Michels und ihres Mannes, deren Arbeiten fortan starke Anklänge an den Expressionismus, italienischen Futurismus und Dadaismus zum Ausdruck brachten.

Ella Bergmann-Michel ging darüber hinaus ihrem naturwissenschaftlichen und technischen Interesse nach, das sie in ihre sogenannten „Prismenbilder" mit einer eigenen konstruktivistischen Formensprache überführte.[5] Die Zurückgezogenheit des ländlichen Raums bedeutete allerdings keine Abkehr vom Weltgeschehen. Vielmehr zeigen gerade die Collagearbeiten der Künstlerin ihre intensive Auseinandersetzung mit der Gegenwart: „Mittels Einarbeitung diverser Materialien aus alltäglichen, lebensweltlichen Zusammenhängen vermochten beide Künstler, in ein Zwiegespräch mit dem Zeitgeschehen und ihrer Erlebniswelt zu treten".[6] Zudem führten Ausstellungen ihrer Kunst Ella Bergmann-Michel in die Städte des Rhein-Main-Gebietes, nach Mannheim und nach Berlin. Ihre Beobachtungen, Begegnungen und Erlebnisse in den von den Krisen und Entwicklungen der Weimarer Zeit geprägten Städten mögen es befördert haben, dass sie ein besonderes Interesse für soziale Fragen ihrer Zeit entwickelte. 1925 zählte sie schließlich gemeinsam mit ihrem Mann zu den Gründungsmitgliedern des „Bundes Neues Frankfurt", einem von Stadtplaner Ernst May (1886–1970) angeführten Reformkreis von Architekten, Designern, Technikern und Künstlern, die sich im Sinn des Neuen Bauens einer Neugestaltung Frankfurts unter sozialen, künstlerischen und kulturellen Aspekten widmeten.

Ab 1926 griff Bergmann-Michel zum Fotoapparat und wenig später zur Filmkamera. Prägend waren hier die Begegnungen mit der Fotografin Marta Hoepffner (1912–2000) und der Regisseurin Asja Lācis (1891–1979). Besonders die Regisseure Dziga Vertov (1896–1954) und Joris Ivens (1898–1989) wurden der Künstlerin zu richtungsweisenden Mentoren.[7] 1933 wurde die Kunst Ella Bergmann-Michels und Robert Michels als „entartet" diffamiert und mit einem Ausstellungsverbot

4   Zum Künstlerkreis um Bergmann-Michel vgl. Monika GRAEN: Dadaismus, Konstruktivismus, Bauhaus. Künstlerfreundschaften und Kontakte von Ella Bergmann-Michel und Robert Michel. Ausstellungskatalog. Hg. v. der Stadt Paderborn, Paderborn 1998.

5   Dörte WIEGAND: Ella Bergmann-Michel und Robert Michel. Die frühen Jahre. Positionierung und Abgrenzung. In: Ella Bergmann-Michel und Robert Michel. Ein Künstlerpaar der Moderne. Hg. v. Karin Orchard. Hannover 2018, S. 7–50.

6   WIEGAND: Ella Bergmann-Michel, S. 15.

7   Megan R. LUKE: Unser Zusammenleben: kollektive Haushaltsführung in den Filmen von Ella Bergmann-Michel. In: Ella Bergmann-Michel und Robert Michel, S. 105–120, hier S. 106.

belegt. Das Paar zog sich auf die Schmelzmühle in Vockenhausen zurück. Bis zum Ende des Krieges war Bergmann-Michel als Werbegrafikerin tätig. Erst nach 1945 widmete sie sich der Weiterentwicklung ihres künstlerischen Schaffens, das ab den 1950er Jahren auch internationale Anerkennung fand.

Die Dokumentarfilmerin

Mit der Gründung eines eigenen Ateliers in Frankfurt 1929 konzentrierte sich Bergmann-Michel auf die Medien Foto und Film und trat der „Liga des unabhängigen Films" bei, einer kleinen Gruppe Filmschaffender, die sich innerhalb des „Bundes Neues Frankfurt" für die Produktion eigener, zeit- und sozialkritischer Filme engagierte, bei.

Abb.1:
Ella Bergmann-Michel mit ihrer Kinamo-Handkamera (Foto: Sünke Michel).

Mit gerade einmal fünf Filmen ist die Quantität des filmischen Œuvre Bergmann-Michels überschaubar.[8] Die Qualität ihrer dokumentarischen Filmzeugnisse hingegen ist zweifellos ein bedeutendes Plädoyer, um auf soziale Missstände ihrer Zeit hinzuweisen. Dies zeigt bereits die erste Arbeit aus dem Jahr 1931, die Bergmann-Michel im Auftrag des Architekten Mart Stam (1899–1986) produzierte. Unter dem Titel „Wo wohnen alte Leute" zeigt sie das von Mart Stam, Ferdinand Kramer (1898–1985) und Werner Max Moser (1896–1970) errichtete Altersheim der jüdischen Budge-Stiftung in Frankfurt. 1932 folgte im Auftrag des „Vereins der Erwerbslosenküche Frankfurt" die Dokumentation „Erwerbslose kochen für Erwerbslose", die in Zeiten der Wirtschaftskrise Spenden und Unterstützung für die Sozialküchen einbringen sollte. Die Filme „Fliegende Händler" und „Fischfang in der Rhön", beide aus dem Jahr 1932, blieben unvollendet.

Bis zu ihrem Ausstellungsverbot 1933 wurden Bergmann-Michels Filme in Lichtspielhäusern oder auf öffentlichen Plätzen gezeigt. Bei der Entwicklung und Umsetzung übernahm die Filmemacherin in der Regel mehrere Rollen und verantwortete Drehbuch, Regie, Kamera, Schnitt und Tricktechnik. Zu ihren Vorarbeiten gehören zwei umfangreiche Fotostudien, deren Bilder überliefert sind und die einen Eindruck davon vermitteln, wie inten-

---

8   Zur Filmografie von Ella Bergmann-Michel vgl. https://www.filmportal.de/person/ella-bergmann-michel_1c855282530649de813f716237f5b7df (abgerufen 13.10.2023).

siv sich Bergmann-Michel vorbereitete und bei aller filmerischen Spontaneität eine wohl überlegte Dramaturgie zugrunde legte.

Für ihre Aufnahmen verwendete sie auf Anraten des niederländischen Regisseurs Joris Ivens eine Kinamo N 25. Die 35mm-Handkamera mit Federwerk-Aufzug war eine kompakte Kamera, die seit ihrer Entwicklung Anfang der 1920er Jahre Maßstäbe setzte und „Filmemacher in die Lage" versetzte, „einen neuen Stil des dokumentarischen und Avantgarde-Films zu praktizieren, der bis heute als poetischer Dokumentarfilm oder Essayfilm bezeichnet wird".[9] In Zeiten, in denen das Fotografieren und Filmen in der Öffentlichkeit Aufmerksamkeit erregte, ermöglichte die kleine handliche Kamera, sich weitgehend unauffällig durch den öffentlichen Raum zu bewegen.[10] Für Bergmann-Michels dokumentarisches Arbeiten war dies wichtig, um Situationen und Personen so nah wie möglich kommen zu können.

Annäherung an den Film „Wahlkampf 1932 (Die letzte Wahl)"

Der Dokumentarfilm „Wahlkampf 1932 (Letzte Wahl)" ist die letzte Filmarbeit Ella Bergmann-Michels. Nachdem sie, im Oktober 1932, am Rande einer Wahlkampfveranstaltung verhaftet und ihr Filmmaterial teilweise konfisziert wurde, griff sie nicht wieder zur Kamera.

Das Archiv des Deutschen Filminstituts führt den Film unter dem Titel „Wahlkampf 1932 (Letzte Wahl)". Beide Bezeichnungen sind geläufig, wobei sich die irrige Auffassung manifestiert hat, der Film beziehe sich ausschließlich auf die Wahlkampfzeit der Reichstagswahl vom 6. November 1932. Bei näherer Betrachtung allerdings wird augenscheinlich, dass Bergmann-Michel nicht nur im Herbst Filmaufnahmen drehte, sondern bereits in den Monaten zuvor. Ein Hinweis liefert der Blick auf die Kleidung der im Film auftauchenden Passanten. In einer Szene sind Personen in leichter Sommerkleidung zu sehen und in einer anderen Szene tragen die Umhergehenden warme Garderobe. Darüber hinaus erscheinen die im Hintergrund sichtbaren Bäume und Büsche sowohl in sattem Sommerlaub als auch ohne Blätter. Dass Ella Bergmann-Michel sowohl im Sommer als auch im Herbst drehte lässt den Schluss zu, dass sie nicht nur den Wahlkampf

---

9   Kerstin STUTTERHEIM: Neues Sehen und die Geschichte des poetischen Dokumentarfilms.
     Die Kinamo-Kamera. In: Auslöser 3 (2016), S. 24–27, hier S. 24.
10 Vgl. Ebd.

zur Reichstagswahl am 6. November in den Blick nahm, sondern auch den für die Reichstagswahl am 31. Juli. Dieser anschauliche Befund eröffnet zwei Gedanken: Einerseits scheint sich Bergmann-Michel bereits mit dem Straßenwahlkampf im Sommer des Jahres beschäftigt zu haben, was daraufhin deutet, dass sie die politischen Entwicklungen in einem längeren Verlauf und Zusammenhang beobachtete und nicht erst nach der Septemberkrise 1932 aktiv wurde. Andererseits vermischt das Zusammenschneiden des Filmmaterials auch die beiden chronologisch aufeinanderfolgenden Straßenwahlkämpfe miteinander. Eine Analogie zu ihrer Collagenarbeit ist dabei nicht von der Hand zu weisen. Durch das Neben- und Aufeinandersetzen von Filmsequenzen, entwickelt Bergmann-Michel das Narrativ von der „Letzten Wahl". Aus dieser zeitgenössischen Perspektive heraus wird deutlich, dass der Wahlkampf und die damit verbundene visuelle Auseinandersetzung der Parteien mittels Fahnen, Plakaten und Banner den öffentlichen Raum der Stadt über viele Monate hinweg prägten.

Was zeigt uns Ella Bergmann-Michel in ihrem Stummfilm? Das Filmfragment fängt ausnahmslos Außenaufnahmen in und am Rande Frankfurts ein. Zum Auftakt schwenkt die Kamera in einer engen Altstadtgasse nach oben und zeigt zahlreiche aus den Fenstern hängende Fahnen der Kommunistischen Partei und der Eisernen Front. Die Fahnen lassen einerseits auf die vermeintliche politische Haltung der Bewohnerinnen und Bewohner schließen. Andererseits wird das Nebeneinander der politischen Zeichen selbst zu einem Symbol noch herrschender demokratischer Freiheit mit der Möglichkeit der freien Meinungsäußerung. Fahnen, Plakate und politische Symbole sind ein immer wieder zitiertes Motiv des Films. Bergmann-Michel zeigt diese politischen Attribute in ihrem jeweiligen räumlichen Kontext. Dabei verweilt die Kamera in der Regel in der Einstellung mehrere Sekunden auf dem Motiv. Dadurch bleibt den Betrachtenden Zeit, Fahnen und Plakate wahrzunehmen und darüber hinaus einen Eindruck von den belebten Straßen zu erhalten, in denen sich das politische Werben abspielt.

Anders verhält es sich mit den wiederkehrenden ausschnitthaften Ansichten von Plakaten und Plakatwänden, aus denen Bergmann-Michel Details wie beispielsweise politische Symbole oder einzelne Worte in den Fokus nimmt. Diese impulshaft eingeblendeten Detailaufnahmen erscheinen in rascher Abfolge. Kleine Detailsequenzen sind zwischen längere Totalansichten platziert. Der rasche Sequenzwechsel von Symbolen und Worten verdeutlicht die Flut der politischen Parolen und belegt erneut

Bergmann-Michels Interesse für die Collagetechnik. Die Motivwahl und ihre filmische Präsentation sind nicht nur ästhetische Stilmittel, sondern sie vermitteln zugleich eine eminent politische Aussage, wie das Beispiel einer Wahlplakataufnahme verdeutlicht.

Abb.2:
„Wahlkampf 1932 (Letzte Wahl)", 1932, Standbild Plakat, Minute 2:15-2:33 (Abbildung: Sünke Michel).

Fast 18 Sekunden lang ist ein Plakat zu sehen, welches die Köpfe Hitlers und Hindenburgs zeigt. Der greise Reichskanzler ist im Halbprofil den Betrachtenden zugewandt, Hitler hingegen blickt en face vom Plakat. Das Papier ist stark zerknittert, die Gesichter wirken verzerrt. Der rechte Teil des Plakats ist eingerissen und lässt Hitlers Wange im Wind flattern, der untere Teil fehlt gänzlich und bringt flickenhafte Schichten alter Reklamefetzen zum Vorschein. Die politische Aussage ist eindeutig.

Bergmann-Michel hat offensichtlich für diese Einstellung kein Stativ verwendet, denn sie hat sichtlich Mühe, die Kamera still zu halten. Die leichte Unruhe in der Handhabung führt zu einer verschwimmenden Schärfe und wirkt wie ein Flackern, welches die politische Deutung stützt.

Mit diesen durchdachten Bildkonstruktionen fängt Bergmann-Michel das alltägliche Geschehen in den Straßen ein. Dass die Aufnahmen ausnahmsweise bei schönem oder zumindest gutem Wetter erfolgten, war zweifelsohne der Notwendigkeit guter Lichtverhältnisse geschuldet – ein Phänomen, das dem Film eine eigenartige Anmutung verleiht und in starkem Kontrast zur gesellschaftlichen Unruhe und dem nahenden politischen Wechsel steht. Menschen stehen lesend vor Litfaßsäulen oder diskutieren lebhaft mit anderen Passanten auf der Straße. Bergmann-Michels Einfühlungsvermögen und filmisches Können verleiht dem Stummfilm in diesen Szenen gleichsam Ton, denn Gestik und Mimik der Menschen lassen die lautstarken Turbulenzen ihrer Zeit erkennen.

Abb. 3:
„Wahlkampf 1932 (Letzte Wahl)", 1932, Standbild Passanten in der Diskussion, Minute 2:44 (Abbildung: Sünke Michel).

Zugleich kommt Bergmann-Michel den Menschen auf der Straße erstaunlich nahe und fängt sie in ruhigen Totalen ein. Im Kontrast dazu stehen die Plakate, Fahnen und Symbole, die sie durch Bildanschnitte und buchstäblich verrückte Perspektiven auf eine abstrakte Ebene hebt.

Eine Sequenz des Films verdient besondere Aufmerksamkeit. Es ist die eingangs erwähnte Szene des Aufmarsches der NS-Parteiorgane durch die Frankfurter Innenstadt. Für die Aufnahme des Aufmarsches am Eschenheimer Turm drehte Bergmann-Michel aus dem Fenster ihres Frankfurter Ateliers. Ob sie spontan filmte und auf das herannahende Spektakel reagierte oder ob die stets durchorganisierte Filmemacherin von dem Aufmarsch wusste und ihre Aufnahme vorbereitete, muss Spekulation bleiben. Zügig und in martialischem Schritt bewegt sich die Marschformation mit Musikkapellen und mehreren, aufeinander folgenden Abteilungen in ihren schwarzen und braunen Parteiuniformen durch die engen Straßen auf den Eschenheimer Turm zu. Sie alle marschieren im Gleichschritt, gut geübt und offensichtlich bestens organisiert. Vorweg bahnen SA-Männer den Weg durch den belebten Stadtverkehr.

Abb. 4:
„Wahlkampf 1932 (Letzte Wahl)", 1932, Standbild Aufmarsch, Minute 4:59 (Abbildung: Sünke Michel).

Sich einander an den Händen haltend bilden die SA-Männer eine Kette, die, Menschen und Fahrzeuge beiseite drängend, eine Schneise durch die Straße zieht. Passanten werden zu spontanen Zuschauern. Andere marschieren mit und schließen sich dem Zug zu beiden Seiten an.

Die Aufnahme aus zwei Perspektiven betont die raumgreifende Dynamik des Ereignisses. Die rund eine Minute dauernde Sequenz des Aufmarsches lässt die Szene zu einem zentralen Element der Dokumentation werden. Der erhöhte Blick aus dem Fenster schafft nicht nur eine Vogelperspektive auf das Geschehen, sondern ruft zugleich eine Distanz zum Geschehen auf der Straße hervor.

Abb. 5:
„Wahlkampf 1932 (Letzte
Wahl)", 1932, Standbild
Aufmarsch, Minute 5:29
(Abbildung: Sünke Michel).

In ihrem Film vereint Ella Bergmann-Michel ihre künstlerischen Ambitionen als Avantgarde-Vertreterin des „Neuen Sehens" mit dem Anspruch eines Dokumentarfilms, der mit bewusst politisch deutendem Blick die Zeichen der Zeit und ihre Entwicklungen festhält. 90 Jahre später konstatierte die Schwiegertochter der Filmemacherin, Sünke Michel, treffend: „Sie sah die heraufziehende Katastrophe, beobachtete die Dramatik der sozialen und politischen Vorgänge, protokollierte die zunehmende Aggressivität und zugleich die Lähmung".[11]

---

11 Sünke Michel über Ella Bergmann-Michel beim Symposion „90 Jahre ‚Machtergreifung' in der Rhein-Main-Region". Live-Stream der Veranstaltung auf dem Youtube-Kanal der Stadt Aschaffenburg, 2:57:30: https://www.youtube.com/watch?v=W-B08a5newM (abgerufen 26.10.2023).

Podiumsgespräch im Rahmen des Symposions
„90 Jahre ‚Machtergreifung' in Rhein-Main",
2.2.2023 mit Thomas Altmeyer, Verena Spinnler,
Felix Münch und Michael Dreyer
(Foto: KulturRegion/Kristina Maurer).

IMPULSE

RENÉ MALLM

Herausforderungen für die Vermittlung der „Machtergreifung" 1933

Die sogenannte „Machtergreifung" 1933 spielt zweifelsohne eine zentrale Rolle im kollektiven nachkriegsdeutschen Gedächtnis und steht exemplarisch für die schrittweise Aushöhlung der Demokratie und des Rechtsstaates, für die Gefahren von Intoleranz, Polarisierung, Hass und Desinformation und den Verlust demokratischer Werte. Hier rückt zunächst bei der Vermittlung der historischen Ereignisse des Jahres 1933 die Makroebene in den Blick. Es entsteht der Eindruck, der Systemwechsel habe sich entlang der Etappen der Ernennung Hitlers zum Reichskanzler, der Reichstagsbrandverordnung und des sogenannten Ermächtigungsgesetzes in abstrakter Form auf staatlich-politischer Ebene vollzogen. Die Bedeutung dieser Ereignisse ist unbestritten; diese markieren für sich wichtige Zäsuren bei der Etablierung des NS-Staates.

Die große Herausforderung bei der Vermittlung indes liegt in der Veranschaulichung dieses Prozesses, um ihn für Jugendliche und Erwachsene in seiner Tiefe erfahrbar und begreifbar zu machen, ohne ihn zu trivialisieren. Ergänzend braucht es deshalb im Bereich der historisch-politischen Bildung die konkrete Verortung der historischen Ereignisse im lokalen und regionalen Feld und somit die komplementäre Perspektive der Mikroebene. Durch exemplarische Fallstudien werden die Strukturen, Akteure und Werthaltungen sichtbar, die den Prozess der Destabilisierung der Demokratie im Jahr 1933 und die Machtübernahme der Nationalsozialisten ermöglicht haben. Erst dann entsteht ein komplexes Bild des NS-Herrschaftssystems, das auf Terror und Propaganda, auf taktischen Zugeständnissen und Gefälligkeiten gegenüber lokalen Eliten und Institutionen, Konsens und Opportunismus der Beherrschten fußte. Der Zustimmung, der aktiven Unterstützung und Kooperation in weiten Teilen der Bevölkerung stand hier in Einzelfällen auch widerständiges Verhalten entgegen. Im pädagogischen Kontext lässt sich durch eine Verschränkung der Makro- und

Mikroebene beispielhaft ein Gegenwarts- und vor allem Lebensweltbezug herstellen, welcher die Komplexität der Ereignisse individuell greifbarer macht. Indem die Beteiligten, Mitläufer, Verfolgten, Widerständigen und deren Biographien und Motive in ihren mentalen, politischen, sozialen und wirtschaftlichen Rahmenbedingungen vor Ort analysiert werden, findet historisch-kritische Aufklärung statt.

Der persönliche Zugang zu diesem Thema wird durch das Verschwinden der Zeitzeugenschaft und die damit einhergehende Historisierung künftig immer schwerer werden. Die Schicksale und Erzählungen der Zeitzeugen gilt es weiterhin zu dokumentieren und öffentlich verfügbar zu halten. Dabei wird das Erinnern an authentischen historischen Orten wie Gedenkstätten oder in Archiven sowie in digitalen Formaten eine zunehmend wichtigere Rolle spielen. Dies muss entsprechend gefördert werden, um die herausragende Arbeit vor Ort fortsetzen zu können.

Multiperspektivität und Kontroversität sind angesichts einer immer diverseren und heterogeneren Migrationsgesellschaft eine Notwendigkeit und Herausforderung bei der Vermittlung dieses Themas. Dazu braucht es eine inklusive und partizipative Erinnerungskultur, die in ihren Inhalten, Methoden und Medien neue Wege gehen muss.

Eine der größten Herausforderungen stellt sicherlich das aktuelle gesellschaftliche Klima dar, in dem eine Zunahme von Extremismus, Rassismus, Geschichtsrevisionismus bis hin zur Holocaustleugnung sowie die Normalisierung von Hassrede und Desinformation in den sozialen Medien und im Internet konstatiert werden kann. Gerade hier zeigt sich die Aktualität des Jahres 1933. Der Weg in die Diktatur führte 1933 über die Einschränkung der Meinungsfreiheit, Propaganda, die Diskriminierung von Minderheiten und das Wegbrechen demokratischer Werte und Institutionen. Einige dieser Entwicklungen lassen sich auch heute erkennen. Die Beschäftigung mit 1933 kann wichtige Erkenntnisse zur Prävention und zum Schutz der Demokratie liefern und dazu beitragen, unsere rechtsstaatlichen Grundlagen resilienter gegenüber Intoleranz, Fehlinformationen, Polarisierung und Inhumanität zu machen.

Verena Spinnler

Der Nationalsozialismus als Thema des Geschichtsunterrichts

Projekte wie der Podcast „Irene, wie hast du den Holocaust überlebt?" oder Augmented Reality-Formate wie „Dachau – die Befreiung", das den Nutzerinnen und Nutzern eine virtuelle Besichtigung des Konzentrationslagers Dachau zum Zeitpunkt der Befreiung ermöglicht, versuchen eine grundsätzliche Schwierigkeit der Vermittlung des Themas „Nationalsozialismus" im Geschichtsunterricht zu beheben: Fast 80 Jahre nach Kriegsende leben kaum noch Zeitzeugen der nationalsozialistischen Verbrechen, die der heutigen Schülergeneration von ihren Erfahrungen und Erlebnissen berichten könnten.

Wie stark die Wirkung einer solchen Begegnung zumal auf junge Rezipientinnen und Rezipienten sein kann, zeigt der eingangs genannte Podcast des NDR. Vier Schülerinnen interviewen hier die Holocaust-Überlebende Irene Butter, die den Jugendlichen ihre Lebensgeschichte und von ihrer Zeit im Konzentrationslager Bergen-Belsen per Zoom erzählt.

Laut der MEMO Jugendstudie 2023 ist das Interesse in dieser Altersstufe am Thema „Nationalsozialismus" im Vergleich zu anderen Themen hoch, als zentrales Interesse „nennen junge Erwachsene und Jugendliche insbesondere die Rolle und Verantwortung der vermeintlich unbeteiligten deutschen Allgemeinbevölkerung und fragen danach, wie eine Gesellschaft Entwicklungen und Verbrechen wie jene der Zeit des Nationalsozialismus ermöglichen und zulassen kann". Allerdings kann nur die Hälfte der Befragten den Zeitraum der nationalsozialistischen Herrschaft in Deutschland richtig terminieren, zehn Prozent können keine Opfergruppe benennen, gut 16 Prozent geben keine Antwort auf die Frage zu ihrem Wissen über die Konzentrationslager.

Die Themen „Nationalsozialismus" und „Holocaust" sind in allen deutschen Bundesländern im Lehrplan verankert und damit verpflichtender Unterrichtsgegenstand, vor allem in den Jahrgangsstufen 9 und 10. In der Sekundarstufe II werden sie noch einmal in vertiefter Form behandelt. Als Ziel der historisch-politischen Bildung nennt die Kultusministerkonferenz „den Erwerb von historischem Bewusstsein, von Wissen, von Empathie, [...]

die Entwicklung einer demokratischen Grundhaltung und die Förderung von Urteilsvermögen und Handlungskompetenz". Auf die Vermittlung von Wissen sollte nicht nur, aber auch als Basis für die Erreichung anderer Bildungsziele Wert gelegt werden.

Im Unterricht ist es wichtig, an das Interesse der Schülerinnen und Schüler für das Thema „Nationalsozialismus" anzuknüpfen und Bezüge zu ihrer Lebensrealität herzustellen – ohne dabei den Holocaust zu relativieren oder zu verharmlosen. Der gezielte Einsatz digitaler Medien kann ihnen die als fremd wahrgenommene Vergangenheit näherbringen. Dabei dürfen die Chancen, die der nicht bloß virtuelle Besuch von Gedenkstätten eröffnet, nicht vergessen werden. Auch wenn der zeitliche und organisatorische Aufwand solcher Fahrten in der Regel recht hoch ist, bieten sie für den Unterricht vielfältige Möglichkeiten, wie die unmittelbare Begegnung mit dem historischen Ort, und sind daher von besonderer Bedeutung. Fächerübergreifender Unterricht oder Projekte können zu einem breiteren Verständnis beitragen und überdies helfen, das Problem der eng getakteten Lehrpläne zu lösen.

Eine zunehmend heterogene Schülerschaft, die Veränderung ihres Weltwissens, Demokratiefeindlichkeit, aktuelle Krisen in der Welt – die Liste an Einflüssen (nicht nur) auf den Geschichtsunterricht ließe sich fortsetzen. Umso wichtiger ist ein Unterricht, der die Lernenden ernst nimmt, Orientierung gibt und Wissen vermittelt. Er soll den Schülerinnen und Schülern ermöglichen, die Vergangenheit zu verstehen und ihre Gegenwart – auch im Geiste eines demokratisch-freiheitlich geprägten Miteinanders – sinnvoll zu gestalten.

MICHAEL DREYER

Untergang oder Zerstörung? Zum Umgang mit dem Ende der Weimarer Republik

Alle historischen Ereignisse sind unmittelbar zu Gott (Leopold von Ranke) – aber einige sind unmittelbarer als andere und spielen in der Wissenschaft und Erinnerungskultur eine besondere Rolle. Für amerikanische Historiker ist das der amerikanische Bürgerkrieg, für französische ist es die Französische Revolution und für deutsche ist es der Nationalsozialismus und seine Verbrechen.

Das notwendige Verlangen, 1933 zu verstehen, hat über Jahrzehnte die Diskurse geprägt. Die Weimarer Republik wurde von 1933–1918 wahrgenommen und auf ein Vorspiel zu Hitler reduziert. Anscheinend war Weimar von Anfang an zum Untergang, zum Scheitern, zur Auflösung bestimmt. Und für die DDR war es sogar noch einfacher: Hier sahen Wissenschaftler ohnehin keinen großen Unterschied zwischen liberaler Demokratie und Faschismus, denn beide wurden vom Großkapital beherrscht.

Diese Vereinfachung ist überspitzt, aber nicht sehr. Dispute gab es über die Gründe, warum der „Untergang" unvermeidlich war, aber nicht darüber, welche Chancen mit dem Anfang der ersten deutschen Demokratie verbunden waren. Noch 1999, als Weimar zum 250. Geburtstag Goethes als Kulturhauptstadt Europas glänzte, wurde in der Klassikerstadt kein Gedanke daran verschwendet, dass in Weimar auch die „demokratischste Demokratie der Welt" geboren wurde, wie es Reichsinnenminister Eduard David enthusiastisch proklamierte, als die Nationalversammlung am 31. Juli 1919 die Verfassung verabschiedete.

Seit dem Kulturhauptstadtjahr hat sich viel geändert, und am 31. Juli 2019 öffnete das „Haus der Weimarer Republik. Forum für Demokratie" (HdWR) seine Pforten – am Theaterplatz in Weimar, direkt gegenüber vom Tagungsort 100 Jahre zuvor, dem Deutschen Nationaltheater. Auch die Wissenschaft hat ihren Fokus grundlegend revidiert. Die Weimarer Republik wird jetzt von 1918–1933 betrachtet und untersucht, und niemand sieht ihr Ende noch als Untergang, sondern als Zerstörung – durchgeführt von Politikern, die die Zerstörung bewusst herbeigeführt haben, mit Reichspräsident von Hindenburg an der Spitze.

Diese neue Sicht auf die Weimarer Republik war von Anfang an Leitmotiv bei der Konzeption des HdWR. Die Ausstellung zeigt den Aufbruch zu Demokratie und Republik, und sie zeigt Weimar zugleich als wehrhafte Demokratie, die sich lange erfolgreich gegen ihre Feinde verteidigt. Dabei ist das Museum doppelt konzipiert, einmal als normale analoge Ausstellung, die man in einer Stunde betrachten kann. Zum anderen aber als digitale Ausstellung, die an zwölf Medienstationen die ganze Vielfalt und Modernität Weimars demonstriert. Damit wurde die Not zur Tugend gemacht: Not, denn bei seiner Gründung besaß der Weimarer Republik e. V. kein einziges originales Ausstellungsstück. Das hat sich geändert, aber das Schwergewicht ist unverändert im mannigfachen Informationsangebot der Computerbildschirme zu finden. Und Tugend, denn gerade bei jungen Besuchern kommt diese Art der unaufdringlichen Wissensvermittlung sehr gut an. Inzwischen sind fast alle Informationen auch online erreichbar (www.hdwr.de).

Das Haus trägt den Untertitel „Forum für Demokratie". Es geht auch darum, den Bezug zur Gegenwart herzustellen. Nicht als simple Aktualisierung à la „haben wir Weimarer Verhältnisse?" Darauf ist die Antwort einfach: nein, haben wir nicht. Nicht einmal Weimar hatte Weimarer Verhältnisse. Aber zur Stärkung der Demokratie gehört auch heute das Bewusstsein, dass sie immer eine komplizierte und potentiell gefährdete Staatsform ist. Demokratie ist nicht selbstverständlich, damals wie heute. Sie braucht eine gute Verfassung – was Weimar hatte. Sie braucht Eliten in Politik, Wirtschaft, Verwaltung, Justiz, Militär, Wissenschaft und Kultur, die für die Demokratie einstehen – was Weimar nicht hatte, wohl aber die Bundesrepublik. Und sie braucht Bürger, die ihre Meinungsverschiedenheiten auf der Basis der Verfassung austragen. Und damit sind wir alle gefordert.

Thomas Altmeyer

Ein andere Perspektive
auf den Nationalsozialismus

Der 30. Januar 1933 ist eines der zentralen Daten deutscher Geschichte: Mit der Ernennung Adolf Hitlers zum Reichskanzler und der Regierungsbeteiligung der NSDAP ist der Startpunkt für einen Prozess gelegt worden, der innerhalb weniger Wochen aus einer (sicherlich über die Jahre beschädigten) Demokratie eine totalitäre Diktatur machte. Die Hinterlassenschaften des Nationalsozialismus sind dank wissenschaftlicher Forschung und einer über die Jahre gewachsenen und erstrittenen Erinnerungskultur im kollektiven Gedächtnis aktuell fest verankert: die Ermordung von über 6 Millionen Jüdinnen und Juden im Rahmen der Shoa, der Völkermord an den Sinti und Roma, die Ermordung von angeblich „lebensunwertem Leben" im Rahmen des „Euthanasie"-Tötungsprogramms oder der mit dem Überfall auf Polen begonnene Zweite Weltkrieg mit all seinen Opfern und anderes mehr.

Der 30. Januar 1933 und seine Folgen sind auch ein Mahnmal für den Umgang mit rechtspopulistischen und rechtsextremen Parteien. Aus einem völkisch-national-konservativen Milieu entwickelte sich mit der NSDAP eine Partei, der es gelang, eine zunehmende gesellschaftliche Relevanz zu erlangen. Heute wissen wir, dass die Einschätzung oder der Wunsch mancher, dass sich die NSDAP mit Adolf Hitler an der Spitze in Regierungsverantwortung einhegen, pazifizieren und de-radikalisieren ließe, trügerisch war.

Der Weg zur „Machtergreifung" (wie das NS-Regime es formulierte) war keine zwangsläufige Entwicklung. Es war vielmehr ein komplexer und dynamischer Prozess innerhalb der völkisch-nationalen Bewegung. Er geschah „von oben" und „von unten" sowie in der Interaktion mit und als Reaktion auf das Verhalten anderer politischer Akteure und den sozialen und ökonomischen Entwicklungen jener Zeit. Daher ist der Blick auf den lokalen Aufstieg der NS-Bewegung und den Widerstand erkenntnisbereichernd. Für diese Spurensuche können die „Heimatgeschichtlichen Wegweiser" des Studienkreis Deutscher Widerstand 1933-1945, die für Hessen und andere Bundesländer erschienen sind, einen Ansatzpunkt liefern.

Lange bevor die Macht an die NSDAP übergeben oder von ihr übernommen worden ist (so differente Begriffsperspektiven für den 30. Januar 1933), erkannten einige die drohenden Gefahren. So zum Beispiel Wissenschaftler:innen wie Emil Julius Gumbel, Journalist:innen wie Georg Bernhard oder Fritz Gerlich, Politiker:innen wie Theodor Heuss, Carlo Mierendorff oder Clara Zetkin sowie Künstler:innen, Autor:innen und politische Aktivist:innen und deren Organisationen. Hierzu gehört auch die Veröffentlichung der „Boxheimer Dokumente" im November 1931 durch den Innenminister des Volksstaats Hessen, Wilhelm Leuschner. Diese belegten eindeutig den gewaltsamen und staatsfeindlichen Charakter der NSDAP, der mit einer Legalitätsbeschwörung verdeckt wurde.

Zu selten wird der Blick auf diese Akteur:innen geworfen. Dabei lohnt es sich zu schauen, welche Möglichkeiten es vor und nach dem Januar 1933 gab, um die uns bekannte Entwicklung aufzuhalten. Auf diese Weise kann sich ein Verständnis für die Dynamiken jener Zeit entwickeln und auch für die Umstände des Scheiterns der Opposition und des Widerstandes. Ein Aspekt ist hier sicherlich die weitgehende Unfähigkeit, mit dem politischen Konkurrenten ein Bündnis gegen die NSDAP zu schmieden.

Dieses Wissen gilt es im heutigen Interesse zu erarbeiten und präsent zu halten. Denn, so der kommunistische und jüdische Widerstandskämpfer Peter Gingold (geboren am 8. März 1916 in Aschaffenburg, gestorben am 29. Oktober 2006 in Frankfurt am Main):

„1933 wäre verhindert worden, wenn alle Hitlergegner die Einheitsfront geschaffen hätten. Dass sie nicht zustande kam, dafür gab es für die Hitlergegner in der Generation meiner Eltern nur eine einzige Entschuldigung: Sie hatten keine Erfahrung, was Faschismus bedeutet, wenn er einmal an der Macht ist. Aber heute haben wir alle diese Erfahrung, heute muss jeder wissen, was Faschismus bedeutet. Für alle künftigen Generationen gibt es keine Entschuldigung mehr, wenn sie den Faschismus nicht verhindern."

VERZEICHNIS DER AUTORINNEN UND AUTOREN

THOMAS ALTMEYER:
Wissenschaftlicher Leiter des Studienkreis Deutscher Widerstand 1933–1945, Leiter der Gedenkstätte „Geschichtsort Adlerwerke: Fabrik, Zwangsarbeit, Konzentrationslager" Frankfurt a. M.

HARTMUT BLAUM:
Historiker, Pressesprecher und Stadtarchivar bei der Stadt Kelsterbach im Ruhestand

PROF. DR. MICHAEL DREYER:
Professor für Politische Theorie und Ideengeschichte an der Friedrich-Schiller-Universität Jena, Vorsitzender des Weimarer Republik e. V.

BERND HILLA:
Ehemaliger Lehrer, Gemeinderat und zweiter Bürgermeister in Großostheim, seit 1970 bis heute freier Mitarbeiter beim „Main-Echo", Ehrenbürger der Gemeinde Großostheim

KAY-HERMANN HÖRSTER:
Historiker, Kulturwissenschaftler und Kulturmanager, Projektleiter „Route der Industriekultur Rhein-Main" und Mitarbeiter „Geist der Freiheit" in der KulturRegion FrankfurtRheinMain

PROF. DR. DR. FRANK JACOB:
Historiker, Autor und Herausgeber, seit 2018 Professor für Globalgeschichte des 19. und 20. Jahrhunderts an der Nord Universitet Bodø, Norwegen

DR. VAIOS KALOGRIAS:
Historiker, seit 2020 wissenschaftlicher Mitarbeiter des Stadt- und Stiftsarchivs Aschaffenburg

BARBARA LEISSING:

war über 30 Jahre in einem Jugendzentrum der Stadt Offenbach a. M. tätig, Mitbegründerin der Geschichtswerkstatt Offenbach e. V., Mitglied der Vereinigung der Verfolgten des Naziregimes/Bund der Antifaschistinnen und Antifaschisten (VVN-BdA), Bürgermedaille in Silber der Stadt Offenbach a. M.

RENÉ MALLM:

Historiker und Gymnasiallehrer, seit 2023 abgeordnet als Referent an das Referat „Gedenkstätten für die Opfer des Nationalsozialismus, Rechtsextremismus, Antisemitismus" der Hessischen Landeszentrale für politische Bildung

OLIVER MATHIAS:

Archivar und Historiker, leitet das Stadt- und Hochschularchiv in Geisenheim, Vorsitzender der Gesellschaft zur Förderung der Rheingauer Heimatforschung e. V., Mitglied der Historischen Kommission für Nassau

CARSTEN PARRÉ:

Ausbildung als technischer Zeichner, Historiker, seit 2019 Archivar und Historiker am Stadtarchiv Büdingen

DR. PETER QUADFLIEG:

seit 2020 Leiter des Stadtarchivs Wiesbaden, Landesvorsitzender des Verbands deutscher Archivarinnen und Archivare in Hessen, seit 2022 Vorsitzender der Historischen Kommission für Nassau

DR. VERENA SPINNLER:

Historikerin und Gymnasiallehrerin, unterrichtet am Hermann-Staudinger-Gymnasium Erlenbach am Main

MAGDALENA ZELLER:

Historikerin und Kulturmanagerin, Projektleiterin „Geist der Freiheit" in der KulturRegion FrankfurtRheinMain

Der Podcast „Jüdisches Leben, Geschichte und Kultur in Hessen"

In Hessen hat jüdisches Leben eine lange und starke Tradition und prägt in seiner Vielfalt das gesellschaftliche Miteinander. Ein zentrales Anliegen dieses Podcasts ist es, diese Vielfalt für ein breites Publikum aufzubereiten und darüber hinaus auch Bildungsmaterial für den Einsatz in der historisch-politischen Bildung an die Hand zu geben. Neue Zugänge und Inhalte sollen bisherige ergänzen, um zu zeigen, dass jüdisches Leben seit Jahrhunderten bis heute konstitutiver Bestandteil deutscher und speziell hessischer Geschichte und Gegenwart ist.

Den Podcast und die zu jeder Folge passenden Unterrichtsmaterialien finden Sie auf der Webseite der HLZ unter www.hlz.hessen.de

Seit 1954 gehört die Hessische Landeszentrale für politische Bildung (HLZ) zum festen Bestandteil des politischen Lebens und der politischen Kultur in Hessen. Die Vielfalt der Angebote ist im Laufe der Zeit gewachsen und zeigt heute eine große Bandbreite an Themen und Formaten, die Bezug auf die aktuellen gesellschaftlichen Entwicklungen, aber auch auf politisch-historische Ereignisse nehmen.

Um diesen vielfältigen Themenfeldern zu begegnen, sieht es die HLZ als eine ihrer zentralen Aufgaben, Orientierung für ein respektvolles und friedliches Miteinander in unserer demokratischen Gesellschaft zu bieten. Dafür setzt sie auf Information und Aufklärung im analogen und digitalen Raum sowie auf die Förderung von politischem und zivilgesellschaftlichem Engagement.

Die neun Fachreferate beschäftigen sich mit den unterschiedlichsten Politik- und Themenfeldern.

Ein wesentlicher Schwerpunkt der Arbeit der HLZ ist das Fachreferat „Gedenkstätten für die Opfer des Nationalsozialismus, Rechtsextremismus, Antisemitismus". Das Referat fördert die hessischen NS-Gedenkstätten, aber auch Fahrten von hessischen Schulklassen und Gruppen zu Gedenkstätten und Lernorten der NS-Verfolgung über Hessen hinaus, um pädagogische Maßnahmen damit gezielt zu unterstützen. Förderfähig sind u. a. auch Zeitzeugengespräche, Ausstellungsvorhaben und Projekte zu jüdischem Leben in Hessen. Die Printangebote der HLZ umfassen über 400 Publikationen und Materialien, gleichzeitig wachsen aber auch die digitalen Angebote. Neben den gedruckten Publikationen werden E-Books, Podcasts, Planspiele, begleitende Unterrichtsmaterialien, Quiz, Puzzles, Landkarten, Memo- und Kartenspiele, Videos und CDs angeboten. Stark nachgefragt sind auch die seit 2020 zahlreich entstandenen Podcasts der HLZ. Der Podcast „Jüdisches Leben, Geschichte und Kultur in Hessen" beleuchtet die vielfältigen Facetten jüdischen Lebens in unserem Bundesland und darüber hinaus (siehe Kasten).

JÜDISCHES LEBEN IN HESSEN

Hessische Landeszentrale für politische Bildung
Mainzer Straße 98–102
65189 Wiesbaden
Alle Informationen, Angebote und Kontaktdaten finden Sie unter www.hlz.hessen.de oder auf Facebook, Instagram, X und Mastodon.